Veganski Užici
Kuvarica za Potpuno Biljnu Kuhinju

Petra Novak

Sadržaj

Pečena brokula i cikla 10

Pečena cvjetača i pastrnjak 12

Pečena mrkva i cikla 14

Pečeni kupus i cikla 16

Pečene brokule na sečuanski način 18

Pečena cvjetača i Shitake gljive 20

Pečena ljuta mrkva 22

Cvjetača dimljena u pećnici 24

Pečeni Enoki i bukovače 26

Pečeni kelj i špinat 28

Pržena potočarka i brokula 30

Kelj i pečeni kupus 33

Trostruke gljive na žaru 35

Pečene šparoge i cikla 37

Pečena cvjetača, brokula i kupus 39

Pržene klice graha i cvjetača 41

Pečena mrkva i slatki krumpir 43

Pečeni crveni kupus i brokula 45

Mrkva pečena na maslacu s mini kupusom 48

Pečeni krumpir Mrkva i prokulica 50

Pomfrit i šparoge	52
Pečene francuske šparoge i slatki krumpir	54
Zapečeni pastrnjak i šparoge	56
Mrkva i šparoge s pečenim maslacem od češnjaka	58
Pečene šparoge s maslacem od češnjaka i limuna	60
Pastrnjak Pastrnjak maslac od pečenog češnjaka	62
Pečena repa i šparoge	65
Pečeni dimljeni pastrnjak	67
Brokula i pečene šparoge	69
Tajlandski pečeni karfiol i šparoge	71
Pomfrit sa šparogama i limunom	73
Repa i mrkva s pečenim orasima	75
Pečena talijanska cikla i šparoge	77
Pečeni korijen kasave i šparoge	79
Pečena cikla, repa i šparoge	81
Pečena cikla i korijen kasave	83
Pečeni krumpir s orasima i slatki krumpir	85
Pečena korabica i ljubičasti jam	88
Pečeni jam i šparoge	90
Pečeni korijen kasave, šparoge i pastrnjak	92
Pečene brokule i šparoge	94
Pečena azijska brokula i mrkva	96
Pečene prokulice i luk s balsamicom	98
Zapečeni crveni kupus i crveni luk	100

Zapečeni mini kupus s duginim paprom u zrnu 103
Pečeni Napa kupus s glazurom od balzama 105
Pečeni kupus i crveni luk 107
Pečeni crveni kupus s glazurom od balzama 109
Francuska juha od pastrnjaka 112
Juha od crvenog luka i pastrnjaka 114
pesto juha od mrkve 116
Juha od rajčice i limunske trave 118
Kineska juha od repe 120
Juha od prženog krumpira i slanutka 122
Juha od pečenog batata i graha 124
Francuska juha od krumpira i slanutka 126
Začinjena juha od rajčice i krumpira 128
Cvjetača i pržene rajčice 130
Cvjetača i češnjak dimljeni u pećnici 132
Brokula i pržena cvjetača 134
Prženi slanutak i brokula 135
Pečene cherry rajčice i slanutak 137
Slanutak s veganskim talijanskim maslacem 139
Pečene prokulice 141
Pržena cvjetača i gljive 143
Začinjeni crni grah i pečene rajčice 145
Jednostavna pečena cvjetača 147
Jednostavna pečena brokula i rajčice 149

Jednostavne pečene jabuke i crveni kupus 151
špinat i pečene višnje 152
Pečeni kelj i srca artičoke 153
Pečeni Napa kupus i mrkva 154
Pečena mrkva i potočarka 155
Srce od artičoke s jednostavnim pečenim kupusom i crvenim kupusom 156
Pečeni Napa kupus, mrkva i špinat 157
Pečeni špinat i mrkva potočarka 158
Pečena srca artičoke i crveni kupus 159
Pečeni kelj i crveni kupus 160
Pečeni Napa kupus i kelj 161
Pečeni grah i bundeva 163
Pečeni crni grah i bundeva 165
Zapečeni grah i krumpir 167
Pečeni krumpir i pastrnjak 169
Pečeni istočnjački grah i bundeva 171
Dimljeni prženi grah i krumpir 173
Gljive i prženi krumpir 175
Pečeni krumpir i slatki krumpir 177
Pečeni grah i bundeva 179
Pečene rajčice i klice graha 181
Pečena mrkva repa pastrnjak 183
Pečene aromatične rajčice 185

Pečene klice orijentalnog graha i brokule 187

Brokula i prženi luk 189

Prokulice i pečene klice graha 191

Zapečeni grah s maslacem i brokulom 194

Pečeni krumpir s limunom i češnjakom 196

Brokula pečena na maslacu 198

Brokula i pečene klice graha 200

Jednostavan i lagan pastrnjak i pečeni krumpir 202

Cikla i pečeni krumpir 204

Pečena mrkva i slatki krumpir 206

Pečeni kelj i slatki krumpir 208

Pečena potočarka i mrkva na sečuanski način 210

Pečen i začinjen luk i repa 212

curry mrkva 215

Začinjeni prženi špinat i luk 217

Pečeni slatki krumpir i špinat 219

Pečena brokula i cikla

Sastojci

1 ½ šalice nasjeckanog prokulica

1 šalica velikih komadića krumpira

1 šalica velikih komadića mrkve

1 ½ šalice cvjetića brokule

1 šalica cikle narezane na kockice

1/2 šalice komadića žutog luka

2 žlice sezamovog ulja

sol i mljeveni crni papar po ukusu

Zagrijte pećnicu na 425 stupnjeva F (220 stupnjeva C).

Stavite rešetku na drugu najnižu policu u pećnici.

Ulijte malo vode s malo soli u posudu.

Prokulice namočite u slanoj vodi 15 minuta i ocijedite.

Ostatak sastojaka stavite zajedno u zdjelu.

Rasporedite povrće u jednom sloju na lim za pečenje.

Pecite u pećnici dok povrće ne počne smeđiti i kuhati se, oko 45 minuta.

Pečena cvjetača i pastrnjak

Sastojci

1 ½ šalice malog kupusa, nasjeckanog

1 šalica velikih komadića krumpira

1 šalica velikog pastrnjaka, nasjeckanog

1 ½ šalice cvjetova cvjetače

1 šalica cikle narezane na kockice

1/2 šalice komadića crvenog luka

2 žlice ekstra djevičanskog maslinovog ulja

sol i mljeveni crni papar po ukusu

Zagrijte pećnicu na 425 stupnjeva F (220 stupnjeva C).

Stavite rešetku na drugu najnižu policu u pećnici.

Ulijte malo vode s malo soli u posudu.

Mini kupus potopiti u slanu vodu 15 minuta i ocijediti.

Ostatak sastojaka stavite zajedno u zdjelu.

Rasporedite povrće u jednom sloju na lim za pečenje.

Pecite u pećnici dok povrće ne počne smeđiti i kuhati se, oko 45 minuta.

Pečena mrkva i cikla

Sastojci

1 ½ šalice ljubičastog kupusa, nasjeckanog

1 šalica velikih komada slatkog krumpira

1 šalica velikih komadića mrkve

1 ½ šalice cvjetova cvjetače

1 šalica cikle narezane na kockice

1/2 šalice komadića crvenog luka

2 žlice ekstra djevičanskog maslinovog ulja

sol i mljeveni crni papar po ukusu

Zagrijte pećnicu na 425 stupnjeva F (220 stupnjeva C).

Stavite rešetku na drugu najnižu policu u pećnici.

Ulijte malo vode s malo soli u posudu.

Ljubičasti kupus namočite 15 minuta u slanoj vodi i ocijedite.

Ostatak sastojaka stavite zajedno u zdjelu.

Rasporedite povrće u jednom sloju na lim za pečenje.

Pecite u pećnici dok povrće ne počne smeđiti i kuhati se, oko 45 minuta.

Pečeni kupus i cikla

Sastojci

½ šalice prokulice, nasjeckane

½ šalice nasjeckanog kupusa

½ šalice ljubičastog kupusa

1 šalica velikih komadića krumpira

1 šalica velikih komada dugine mrkve

1 ½ šalice cvjetova cvjetače

1 šalica cikle narezane na kockice

1/2 šalice komadića crvenog luka

2 žlice ekstra djevičanskog maslinovog ulja

sol i mljeveni crni papar po ukusu

Zagrijte pećnicu na 425 stupnjeva F (220 stupnjeva C).

Stavite rešetku na drugu najnižu policu u pećnici.

Ulijte malo vode s malo soli u posudu.

Prokulice i kupus namočite 15 minuta u slanoj vodi i ocijedite.

Ostatak sastojaka stavite zajedno u zdjelu.

Rasporedite povrće u jednom sloju na lim za pečenje.

Pecite u pećnici dok povrće ne počne smeđiti i kuhati se, oko 45 minuta.

Pečene brokule na sečuanski način

Sastojci

1 ½ šalice nasjeckanog prokulica

1 šalica cvjetića brokule

1 šalica velikih komada dugine mrkve

1 ½ šalice cvjetova cvjetače

1 šalica gljiva, narezanih na ploške

1/2 šalice komadića crvenog luka

2 žlice sezamovog ulja

½ žličice sečuanskog papra u zrnu

Sol

mljeveni crni papar po ukusu

Zagrijte pećnicu na 425 stupnjeva F (220 stupnjeva C).

Stavite rešetku na drugu najnižu policu u pećnici.

Ulijte malo vode s malo soli u posudu.

Prokulice namočite u slanoj vodi 15 minuta i ocijedite.

Ostatak sastojaka stavite zajedno u zdjelu.

Rasporedite povrće u jednom sloju na lim za pečenje.

Pecite u pećnici dok povrće ne počne smeđiti i kuhati se, oko 45 minuta.

Pečena cvjetača i Shitake gljive

Sastojci

1 ½ šalice malog kupusa, nasjeckanog

1 šalica shitake gljiva, narezanih

1 šalica velikih komada dugine mrkve

1 ½ šalice cvjetova cvjetače

1 šalica gljiva, narezanih na ploške

1/2 šalice komadića crvenog luka

2 žlice ekstra djevičanskog maslinovog ulja

sol i mljeveni crni papar po ukusu

Zagrijte pećnicu na 425 stupnjeva F (220 stupnjeva C).

Stavite rešetku na drugu najnižu policu u pećnici.

Ulijte malo vode s malo soli u posudu.

Mini kupus potopiti u slanu vodu 15 minuta i ocijediti.

Ostatak sastojaka stavite zajedno u zdjelu.

Rasporedite povrće u jednom sloju na lim za pečenje.

Pecite u pećnici dok povrće ne počne smeđiti i kuhati se, oko 45 minuta.

Pečena ljuta mrkva

Sastojci

1 ½ šalice nasjeckanog prokulica

1 šalica velikih komadića krumpira

1 šalica velikih komada dugine mrkve

1 ½ šalice cvjetova cvjetače

1 šalica cikle narezane na kockice

1/2 šalice komadića crvenog luka

1 žličica kumina

1 žličica kajenskog papra

2 žlice ekstra djevičanskog maslinovog ulja

sol i mljeveni crni papar po ukusu

Zagrijte pećnicu na 425 stupnjeva F (220 stupnjeva C).

Stavite rešetku na drugu najnižu policu u pećnici.

Ulijte malo vode s malo soli u posudu.

Prokulice namočite u slanoj vodi 15 minuta i ocijedite.

Ostatak sastojaka stavite zajedno u zdjelu.

Rasporedite povrće u jednom sloju na lim za pečenje.

Pecite u pećnici dok povrće ne počne smeđiti i kuhati se, oko 45 minuta.

Cvjetača dimljena u pećnici

Sastojci

1 ½ šalice nasjeckanog crvenog kupusa

1 šalica velikih komadića krumpira

1 šalica velikih komada dugine mrkve

1 ½ šalice cvjetova cvjetače

1 šalica cikle narezane na kockice

1/2 šalice komadića crvenog luka

1 žličica kumina

1 čajna žličica sjemenki achiote

1 žličica paprike

1 žličica čilija u prahu

2 žlice ekstra djevičanskog maslinovog ulja

sol i mljeveni crni papar po ukusu

Zagrijte pećnicu na 425 stupnjeva F (220 stupnjeva C).

Stavite rešetku na drugu najnižu policu u pećnici.

Ulijte malo vode s malo soli u posudu.

Prokulice namočite u slanoj vodi 15 minuta i ocijedite.

Ostatak sastojaka stavite zajedno u zdjelu.

Rasporedite povrće u jednom sloju na lim za pečenje.

Pecite u pećnici dok povrće ne počne smeđiti i kuhati se, oko 45 minuta.

Pečeni Enoki i bukovače

Sastojci

1 ½ šalice malog kupusa, nasjeckanog

1 šalica cvjetića brokule

1 šalica enoki gljiva, narezanih

1 ½ šalice cvjetova cvjetače

1 šalica bukovača

1/2 šalice komadića crvenog luka

2 žlice uljane repice

sol i mljeveni crni papar po ukusu

Zagrijte pećnicu na 425 stupnjeva F (220 stupnjeva C).

Stavite rešetku na drugu najnižu policu u pećnici.

Ulijte malo vode s malo soli u posudu.

Prokulice namočite u slanoj vodi 15 minuta i ocijedite.

Ostatak sastojaka stavite zajedno u zdjelu.

Rasporedite povrće u jednom sloju na lim za pečenje.

Pecite u pećnici dok povrće ne počne smeđiti i kuhati se, oko 45 minuta.

Pečeni kelj i špinat

Sastojci

1 ½ šalice nasjeckanog prokulica

1 šalica krupno nasjeckanog špinata

1 šalica kelja, grubo nasjeckanog

1 ½ šalice cvjetića brokule

1 šalica cvjetova cvjetače

1/2 šalice komadića crvenog luka

2 žlice ekstra djevičanskog maslinovog ulja

morska sol po ukusu

mljeveni crni papar po ukusu

Zagrijte pećnicu na 425 stupnjeva F (220 stupnjeva C).

Stavite rešetku na drugu najnižu policu u pećnici.

Ulijte malo vode s malo soli u posudu.

Prokulice namočite u slanoj vodi 15 minuta i ocijedite.

Ostatak sastojaka stavite zajedno u zdjelu.

Rasporedite povrće u jednom sloju na lim za pečenje.

Pecite u pećnici dok povrće ne počne smeđiti i kuhati se, oko 45 minuta.

Pržena potočarka i brokula

Sastojci

1 ½ šalice nasjeckanog prokulica

1 šalica krupno nasjeckanog špinata

1 šalica potočarke, grubo nasjeckane

1 ½ šalice cvjetova cvjetače

1 šalica cvjetića brokule

1/2 šalice komadića crvenog luka

2 žlice ekstra djevičanskog maslinovog ulja

Morska sol i mljeveni dugin papar po ukusu

Zagrijte pećnicu na 425 stupnjeva F (220 stupnjeva C).

Stavite rešetku na drugu najnižu policu u pećnici.

Ulijte malo vode s malo soli u posudu.

Prokulice namočite u slanoj vodi 15 minuta i ocijedite.

Ostatak sastojaka stavite zajedno u zdjelu.

Rasporedite povrće u jednom sloju na lim za pečenje.

Pecite u pećnici dok povrće ne počne smeđiti i kuhati se, oko 45 minuta.

Kelj i pečeni kupus

Sastojci

1 ½ šalice malog kupusa, nasjeckanog

1 šalica kelja, grubo nasjeckanog

1 šalica velikih komada dugine mrkve

1 ½ šalice cvjetova cvjetače

1 šalica gljiva, narezanih na ploške

1/2 šalice komadića crvenog luka

2 žlice veganskog maslaca/margarina, otopljenog

sol i mljeveni crni papar po ukusu

Zagrijte pećnicu na 425 stupnjeva F (220 stupnjeva C).

Stavite rešetku na drugu najnižu policu u pećnici.

Ulijte malo vode s malo soli u posudu.

Prokulice namočite u slanoj vodi 15 minuta i ocijedite.

Ostatak sastojaka stavite zajedno u zdjelu.

Rasporedite povrće u jednom sloju na lim za pečenje.

Pecite u pećnici dok povrće ne počne smeđiti i kuhati se, oko 45 minuta.

Trostruke gljive na žaru

Sastojci

2 šalice klica graha, ispranih

1 šalica bukovača

1 šalica gljiva, narezanih na ploške

1 ½ šalice enoki gljiva

1/2 šalice komadića crvenog luka

2 žlice ekstra djevičanskog maslinovog ulja

sol i mljeveni crni papar po ukusu

Zagrijte pećnicu na 425 stupnjeva F (220 stupnjeva C).

Stavite rešetku na drugu najnižu policu u pećnici.

Ulijte malo vode s malo soli u posudu.

Klice graha namočite u slanoj vodi 15 minuta i ocijedite.

Ostatak sastojaka stavite zajedno u zdjelu.

Rasporedite povrće u jednom sloju na lim za pečenje.

Pecite u pećnici dok povrće ne počne smeđiti i kuhati se, oko 45 minuta.

Pečene šparoge i cikla

Sastojci

1 ½ šalice ljubičastog kupusa, nasjeckanog

1 šalica klica graha

1 šalica šparoga

1 ½ šalice cvjetova cvjetače

1 šalica cikle narezane na kockice

1/2 šalice komadića crvenog luka

2 žlice sezamovog ulja

Morska sol i mljeveni crni papar po ukusu

Zagrijte pećnicu na 425 stupnjeva F (220 stupnjeva C).

Stavite rešetku na drugu najnižu policu u pećnici.

Ulijte malo vode s malo soli u posudu.

Ljubičasti kupus namočite 15 minuta u slanoj vodi i ocijedite.

Ostatak sastojaka stavite zajedno u zdjelu.

Rasporedite povrće u jednom sloju na lim za pečenje.

Pecite u pećnici dok povrće ne počne smeđiti i kuhati se, oko 45 minuta.

Pečena cvjetača, brokula i kupus

Sastojci

1 ½ šalice malog kupusa, nasjeckanog

1 šalica klica graha

1 šalica velikih komada dugine mrkve

1 ½ šalice cvjetova cvjetače

1 šalica cvjetića brokule

1/2 šalice komadića crvenog luka

2 žlice uljane repice

2 žlice. Pasta od češnjaka s tajlandskim čilijem

1 tajlandski bosiljak

sol i mljeveni crni papar po ukusu

Zagrijte pećnicu na 425 stupnjeva F (220 stupnjeva C).

Stavite rešetku na drugu najnižu policu u pećnici.

Ulijte malo vode s malo soli u posudu.

Mini kupus potopiti u slanu vodu 15 minuta i ocijediti.

Ostatak sastojaka stavite zajedno u zdjelu.

Rasporedite povrće u jednom sloju na lim za pečenje.

Pecite u pećnici dok povrće ne počne smeđiti i kuhati se, oko 45 minuta.

Pržene klice graha i cvjetača

Sastojci

1 ½ šalice klica graha, orezanih

1 šalica velikih komadića krumpira

1 šalica velikih komadića mrkve

1 ½ šalice cvjetova cvjetače

1 šalica cikle narezane na kockice

1/2 šalice komadića crvenog luka

1 žličica španjolske paprike

2 žlice ekstra djevičanskog maslinovog ulja

sol i mljeveni crni papar po ukusu

Zagrijte pećnicu na 425 stupnjeva F (220 stupnjeva C).

Stavite rešetku na drugu najnižu policu u pećnici.

Ulijte malo vode s malo soli u posudu.

Klice graha namočite u slanoj vodi 15 minuta i ocijedite.

Ostatak sastojaka stavite zajedno u zdjelu.

Rasporedite povrće u jednom sloju na lim za pečenje.

Pecite u pećnici dok povrće ne počne smeđiti i kuhati se, oko 45 minuta.

Pečena mrkva i slatki krumpir

Sastojci

1 ½ šalice malog kupusa, nasjeckanog

1 šalica velikih komadića krumpira

1 šalica velikih komada dugine mrkve

1 ½ šalice kriški slatkog krumpira

1 šalica pastrnjaka

1/2 šalice komadića crvenog luka

2 žlice ekstra djevičanskog maslinovog ulja

Morska sol

dugin papar u zrnu po ukusu

Zagrijte pećnicu na 425 stupnjeva F (220 stupnjeva C).

Stavite rešetku na drugu najnižu policu u pećnici.

Ulijte malo vode s malo soli u posudu.

Mini kupus potopiti u slanu vodu 15 minuta i ocijediti.

Ostatak sastojaka stavite zajedno u zdjelu.

Rasporedite povrće u jednom sloju na lim za pečenje.

Pecite u pećnici dok povrće ne počne smeđiti i kuhati se, oko 45 minuta.

Pečeni crveni kupus i brokula

Sastojci

1 ½ šalice ljubičastog kupusa, nasjeckanog

1 šalica velikih komada pastrnjaka

1 šalica velikih komada dugine mrkve

1 ½ šalice cvjetova cvjetače

1 šalica cvjetića brokule

1/2 šalice komadića crvenog luka

2 žlice uljane repice

sol i mljeveni crni papar po ukusu

Zagrijte pećnicu na 425 stupnjeva F (220 stupnjeva C).

Stavite rešetku na drugu najnižu policu u pećnici.

Ulijte malo vode s malo soli u posudu.

Ljubičasti kupus namočite 15 minuta u slanoj vodi i ocijedite.

Ostatak sastojaka stavite zajedno u zdjelu.

Rasporedite povrće u jednom sloju na lim za pečenje.

Pecite u pećnici dok povrće ne počne smeđiti i kuhati se, oko 45 minuta.

Mrkva pečena na maslacu s mini kupusom

Sastojci

1 ½ šalice malog kupusa, nasjeckanog

1 šalica velikih komadića krumpira

1 šalica velikih komadića mrkve

1 ½ šalice cvjetova cvjetače

1 šalica komadića slatkog krumpira

1/2 šalice komadića crvenog luka

2 žlice veganskog maslaca/margarina

Morska sol i mljeveni crni papar po ukusu

Zagrijte pećnicu na 425 stupnjeva F (220 stupnjeva C).

Stavite rešetku na drugu najnižu policu u pećnici.

Ulijte malo vode s malo soli u posudu.

Mini kupus potopiti u slanu vodu 15 minuta i ocijediti.

Ostatak sastojaka stavite zajedno u zdjelu.

Rasporedite povrće u jednom sloju na lim za pečenje.

Pecite u pećnici dok povrće ne počne smeđiti i kuhati se, oko 45 minuta.

Pečeni krumpir Mrkva i prokulica

Sastojci

1 ½ šalice nasjeckanog prokulica

1 šalica velikih komadića krumpira

1 šalica velikih komada dugine mrkve

1 ½ šalice pastrnjaka

1 šalica batata

¼ šalice mljevenog češnjaka

2 žličice soka od limuna

2 žlice veganskog maslaca/margarina

sol i mljeveni crni papar po ukusu

Zagrijte pećnicu na 425 stupnjeva F (220 stupnjeva C).

Stavite rešetku na drugu najnižu policu u pećnici.

Ulijte malo vode s malo soli u posudu.

Prokulice namočite u slanoj vodi 15 minuta i ocijedite.

Ostatak sastojaka stavite zajedno u zdjelu.

Rasporedite povrće u jednom sloju na lim za pečenje.

Pecite u pećnici dok povrće ne počne smeđiti i kuhati se, oko 45 minuta.

Pomfrit i šparoge

Sastojci

1 1/2 kilograma krumpira, narezanog na komade

2 žlice ekstra djevičanskog maslinovog ulja

12 režnjeva češnjaka, tanko narezanih

1 žlica. i 1 žličica. osušeni ružmarin

4 žličice osušene majčine dušice

2 žličice morske soli

1 vezica svježih šparoga, obrezana i narezana na komade od 1 inča

Zagrijte pećnicu na 425 stupnjeva F.

U limu za pečenje pomiješajte prvih 5 sastojaka i pola morske soli.

Prekriti folijom.

Pecite 20 minuta u pećnici.

Pomiješajte šparoge, ulje i sol.

Poklopite i kuhajte oko 15 minuta, ili dok krumpir ne omekša.

Povećajte temperaturu pećnice na 450 stupnjeva F.

Maknite foliju i kuhajte 8 minuta, dok krumpir lagano ne porumeni.

Pečene francuske šparoge i slatki krumpir

Sastojci

1 1/2 kilograma slatkog krumpira, narezanog na komade

3 žlice maslinovog ulja

12 režnjeva češnjaka, tanko narezanih

1 žlica. i 1 žličica. osušeni ružmarin

4 žličice provansalskog bilja

2 žličice morske soli

1 vezica svježih šparoga, obrezana i narezana na komade od 1 inča

Zagrijte pećnicu na 425 stupnjeva F.

U limu za pečenje pomiješajte prvih 5 sastojaka i pola morske soli.

Prekriti folijom.

Pecite 20 minuta u pećnici.

Pomiješajte šparoge, ulje i sol.

Poklopite i kuhajte oko 15 minuta, ili dok slatki krumpir ne omekša.

Povećajte temperaturu pećnice na 450 stupnjeva F.

Maknite foliju i kuhajte 8 minuta, dok krumpir lagano ne porumeni.

Zapečeni pastrnjak i šparoge

Sastojci

1 1/2 kg pastrnjaka narezanog na komade

2 žlice ekstra djevičanskog maslinovog ulja

12 režnjeva češnjaka, tanko narezanih

1 žlica. i 1 žličica. Talijanski začini

4 žličice osušene majčine dušice

2 žličice morske soli

1 vezica svježih šparoga, obrezana i narezana na komade od 1 inča

Zagrijte pećnicu na 425 stupnjeva F.

U limu za pečenje pomiješajte prvih 5 sastojaka i pola morske soli.

Prekriti folijom.

Pecite 20 minuta u pećnici.

Pomiješajte šparoge, ulje i sol.

Poklopite i kuhajte oko 15 minuta, ili dok pastrnjak ne omekša.

Povećajte temperaturu pećnice na 450 stupnjeva F.

Maknite foliju i kuhajte 8 minuta, dok krumpir lagano ne porumeni.

Mrkva i šparoge s pečenim maslacem od češnjaka

Sastojci

1 1/2 kilograma mrkve, narezane na komade

4 žlice veganskog maslaca, otopljenog

12 režnjeva češnjaka, tanko narezanih

1 žlica. i 1 žličica. osušeni ružmarin

2 žličice soka od limuna

2 žličice morske soli

1 vezica svježih šparoga, obrezana i narezana na komade od 1 inča

Zagrijte pećnicu na 425 stupnjeva F.

U limu za pečenje pomiješajte prvih 5 sastojaka i pola morske soli.

Prekriti folijom.

Pecite 20 minuta u pećnici.

Pomiješajte šparoge, ulje i sol.

Poklopite i kuhajte oko 15 minuta, ili dok krumpir ne omekša.

Povećajte temperaturu pećnice na 450 stupnjeva F.

Maknite foliju i kuhajte 8 minuta, dok krumpir lagano ne porumeni.

Pečene šparoge s maslacem od češnjaka i limuna

Sastojci

1 1/2 kilograma krumpira, narezanog na komade

4 žlice veganskog maslaca/margarina

12 režnjeva češnjaka, tanko narezanih

2 žličice soka od limuna

2 žličice morske soli

1 vezica svježih šparoga, obrezana i narezana na komade od 1 inča

Zagrijte pećnicu na 425 stupnjeva F.

U limu za pečenje pomiješajte prvih 5 sastojaka i pola morske soli.

Prekriti folijom.

Pecite 20 minuta u pećnici.

Pomiješajte šparoge, ulje i sol.

Poklopite i kuhajte oko 15 minuta, ili dok krumpir ne omekša.

Povećajte temperaturu pećnice na 450 stupnjeva F.

Maknite foliju i kuhajte 8 minuta, dok krumpir lagano ne porumeni.

Pastrnjak Pastrnjak maslac od pečenog češnjaka

Sastojci

1 1/2 kg pastrnjaka narezanog na komade

6 žlica veganskog maslaca/margarina

12 režnjeva češnjaka, tanko narezanih

2 žličice soka od limuna

4 žličice osušene majčine dušice

2 žličice morske soli

1 vezica svježih šparoga, obrezana i narezana na komade od 1 inča

Zagrijte pećnicu na 425 stupnjeva F.

U limu za pečenje pomiješajte prvih 5 sastojaka i pola morske soli.

Prekriti folijom.

Pecite 20 minuta u pećnici.

Pomiješajte šparoge, ulje i sol.

Poklopite i kuhajte oko 15 minuta, ili dok pastrnjak ne omekša.

Povećajte temperaturu pećnice na 450 stupnjeva F.

Maknite foliju i kuhajte 8 minuta, dok krumpir lagano ne porumeni.

Pečena repa i šparoge

Sastojci

1 1/2 kg repe, narezane na komade

2 žlice ekstra djevičanskog maslinovog ulja

12 režnjeva češnjaka, tanko narezanih

1 žlica. osušeni ružmarin

4 žličice osušene majčine dušice

2 žličice morske soli

1 vezica svježih šparoga, obrezana i narezana na komade od 1 inča

Zagrijte pećnicu na 425 stupnjeva F.

U limu za pečenje pomiješajte prvih 5 sastojaka i pola morske soli.

Prekriti folijom.

Pecite 20 minuta u pećnici.

Pomiješajte šparoge, ulje i sol.

Poklopite i kuhajte oko 15 minuta, ili dok repa ne omekša.

Povećajte temperaturu pećnice na 450 stupnjeva F.

Maknite foliju i kuhajte 8 minuta, dok krumpir lagano ne porumeni.

Pečeni dimljeni pastrnjak

Sastojci

1 1/2 kg pastrnjaka narezanog na komade

4 žlice ekstra djevičanskog maslinovog ulja

12 režnjeva češnjaka, tanko narezanih

1 žlica. papar

1 žličica kumina

2 žličice morske soli

1 vezica svježih šparoga, obrezana i narezana na komade od 1 inča

Zagrijte pećnicu na 425 stupnjeva F.

U limu za pečenje pomiješajte prvih 5 sastojaka i pola morske soli.

Prekriti folijom.

Pecite 20 minuta u pećnici.

Pomiješajte šparoge, ulje i sol.

Poklopite i kuhajte oko 15 minuta, ili dok pastrnjak ne omekša.

Povećajte temperaturu pećnice na 450 stupnjeva F.

Maknite foliju i kuhajte 8 minuta, dok krumpir lagano ne porumeni.

Brokula i pečene šparoge

Sastojci

1 1/2 kilograma brokule, narezane na komade

3 žlice ekstra djevičanskog maslinovog ulja

12 režnjeva češnjaka, tanko narezanih

1 žlica. i 1 žličica. osušeni ružmarin

4 žličice osušene majčine dušice

2 žličice morske soli

1 vezica svježih šparoga, obrezana i narezana na komade od 1 inča

Zagrijte pećnicu na 425 stupnjeva F.

U limu za pečenje pomiješajte prvih 5 sastojaka i pola morske soli.

Prekriti folijom.

Pecite 20 minuta u pećnici.

Pomiješajte šparoge, ulje i sol.

Poklopite i kuhajte oko 15 minuta ili dok brokula ne omekša.

Povećajte temperaturu pećnice na 450 stupnjeva F.

Maknite foliju i kuhajte 8 minuta, dok krumpir lagano ne porumeni.

Tajlandski pečeni karfiol i šparoge

Sastojci

1 1/2 funte cvjetače, narezane na komade

2 žlice sezamovog ulja

10 češnja češnjaka narezati na tanke ploške

1 žlica. Pasta od češnjaka s tajlandskim čilijem

2 žličice svježe nasjeckanog tajlandskog bosiljka

2 žličice morske soli

1 vezica svježih šparoga, obrezana i narezana na komade od 1 inča

Zagrijte pećnicu na 425 stupnjeva F.

U limu za pečenje pomiješajte prvih 5 sastojaka i pola morske soli.

Prekriti folijom.

Pecite 20 minuta u pećnici.

Pomiješajte šparoge, ulje i sol.

Poklopite i kuhajte oko 15 minuta, ili dok cvjetača ne omekša.

Povećajte temperaturu pećnice na 450 stupnjeva F.

Maknite foliju i kuhajte 8 minuta, dok krumpir lagano ne porumeni.

Pomfrit sa šparogama i limunom

Sastojci

1 1/2 kilograma krumpira, narezanog na komade

2 žlice maslaca ili veganskog margarina

12 režnjeva češnjaka, tanko narezanih

1 žlica. sok od limuna

1 čajna žličica sjemenki achiote

2 žličice morske soli

1 vezica svježih šparoga, obrezana i narezana na komade od 1 inča

Zagrijte pećnicu na 425 stupnjeva F.

U limu za pečenje pomiješajte prvih 5 sastojaka i pola morske soli.

Prekriti folijom.

Pecite 20 minuta u pećnici.

Pomiješajte šparoge, ulje i sol.

Poklopite i kuhajte oko 15 minuta, ili dok krumpir ne omekša.

Povećajte temperaturu pećnice na 450 stupnjeva F.

Maknite foliju i kuhajte 8 minuta, dok krumpir lagano ne porumeni.

Repa i mrkva s pečenim orasima

Sastojci

1/2 kg repe narezane na komade

½ kilograma mrkve, narezane na komade

½ kilograma krumpira, narezanog na komade

2 žlice sezamovog ulja

10 češnja češnjaka narezati na tanke ploške

1 čajna žličica kineskog praha od 5 začina

2 žličice morske soli

1 vezica svježih šparoga, obrezana i narezana na komade od 1 inča

Zagrijte pećnicu na 425 stupnjeva F.

U limu za pečenje pomiješajte prvih 6 sastojaka i pola morske soli.

Prekriti folijom.

Pecite 20 minuta u pećnici.

Pomiješajte šparoge, ulje i sol.

Poklopite i kuhajte oko 15 minuta, ili dok krumpir ne omekša.

Povećajte temperaturu pećnice na 450 stupnjeva F.

Maknite foliju i kuhajte 8 minuta, dok krumpir lagano ne porumeni.

Pečena talijanska cikla i šparoge

Sastojci

1 1/2 kg cikle narezati na komade

2 žlice ekstra djevičanskog maslinovog ulja

12 režnjeva češnjaka, tanko narezanih

1 žličica talijanskih začina

4 žličice osušene majčine dušice

2 žličice morske soli

1 vezica svježih šparoga, obrezana i narezana na komade od 1 inča

Zagrijte pećnicu na 425 stupnjeva F.

U limu za pečenje pomiješajte prvih 5 sastojaka i pola morske soli.

Prekriti folijom.

Pecite 20 minuta u pećnici.

Pomiješajte šparoge, ulje i sol.

Poklopite i kuhajte oko 15 minuta ili dok cikla ne omekša.

Povećajte temperaturu pećnice na 450 stupnjeva F.

Maknite foliju i kuhajte 8 minuta, dok krumpir lagano ne porumeni.

Pečeni korijen kasave i šparoge

Sastojci

½ kilograma korijena juke, narezanog na komade

1/2 kg krumpira narezanog na komade

2 žlice ekstra djevičanskog maslinovog ulja

12 režnjeva češnjaka, tanko narezanih

4 žličice provansalskog bilja

2 žličice morske soli

1 vezica svježih šparoga, obrezana i narezana na komade od 1 inča

Zagrijte pećnicu na 425 stupnjeva F.

U limu za pečenje pomiješajte prvih 6 sastojaka i pola morske soli.

Prekriti folijom.

Pecite 20 minuta u pećnici.

Pomiješajte šparoge, ulje i sol.

Poklopite i kuhajte oko 15 minuta, ili dok krumpir i yuca korijen ne omekšaju.

Povećajte temperaturu pećnice na 450 stupnjeva F.

Maknite foliju i kuhajte 8 minuta, dok krumpir lagano ne porumeni.

Pečena cikla, repa i šparoge

Sastojci

1/2 funte mrkve, narezane na kockice

½ kg cikle narezane na komade

½ kg repe, narezane na komade

2 žlice ekstra djevičanskog maslinovog ulja

12 režnjeva češnjaka, tanko narezanih

1 žlica. i 1 žličica. osušeni ružmarin

4 žličice osušene majčine dušice

2 žličice morske soli

1 vezica svježih šparoga, obrezana i narezana na komade od 1 inča

Zagrijte pećnicu na 425 stupnjeva F.

U limu za pečenje pomiješajte prvih 7 sastojaka i pola morske soli.

Prekriti folijom.

Pecite 20 minuta u pećnici.

Pomiješajte šparoge, ulje i sol.

Poklopite i kuhajte oko 15 minuta, ili dok gomolji ne omekšaju.

Povećajte temperaturu pećnice na 450 stupnjeva F.

Maknite foliju i kuhajte 8 minuta, dok krumpir lagano ne porumeni.

Pečena cikla i korijen kasave

Sastojci

1/2 kg cikle narezane na komade

½ kilograma korijena juke, narezanog na komade

½ kg repe, narezane na komade

2 žlice ekstra djevičanskog maslinovog ulja

12 režnjeva češnjaka, tanko narezanih

1 žlica. i 1 žličica. osušeni ružmarin

4 žličice osušene majčine dušice

2 žličice morske soli

1 vezica svježih šparoga, obrezana i narezana na komade od 1 inča

Zagrijte pećnicu na 425 stupnjeva F.

U limu za pečenje pomiješajte prvih 7 sastojaka i pola morske soli.

Prekriti folijom.

Pecite 20 minuta u pećnici.

Pomiješajte šparoge, ulje i sol.

Poklopite i kuhajte oko 15 minuta, ili dok gomolji ne omekšaju.

Povećajte temperaturu pećnice na 450 stupnjeva F.

Maknite foliju i kuhajte 8 minuta, dok krumpir lagano ne porumeni.

Pečeni krumpir s orasima i slatki krumpir

Sastojci

1/2 kg krumpira narezanog na komade

½ kilograma slatkog krumpira, narezanog na komade

2 žlice ulja oraha makadamije

12 režnjeva češnjaka, tanko narezanih

1 žlica. i 1 žličica. provensalsko bilje

2 žličice morske soli

1 vezica svježih šparoga, obrezana i narezana na komade od 1 inča

Zagrijte pećnicu na 425 stupnjeva F.

U limu za pečenje pomiješajte prvih 6 sastojaka i pola morske soli.

Prekriti folijom.

Pecite 20 minuta u pećnici.

Pomiješajte šparoge, ulje i sol.

Poklopite i kuhajte oko 15 minuta, ili dok gomolji ne omekšaju.

Povećajte temperaturu pećnice na 450 stupnjeva F.

Maknite foliju i kuhajte 8 minuta, dok krumpir lagano ne porumeni.

Pečena korabica i ljubičasti jam

Sastojci

1/2 kg krumpira narezanog na komade

½ kg rutabage, narezane na komade

½ kilograma ljubičastog jama, narezanog na komade

2 žlice ekstra djevičanskog maslinovog ulja

12 režnjeva češnjaka, tanko narezanih

1 žlica. i 1 žličica. osušeni ružmarin

4 žličice osušene majčine dušice

2 žličice morske soli

1 vezica svježih šparoga, obrezana i narezana na komade od 1 inča

Zagrijte pećnicu na 425 stupnjeva F.

U limu za pečenje pomiješajte prvih 7 sastojaka i pola morske soli.

Prekriti folijom.

Pecite 20 minuta u pećnici.

Pomiješajte šparoge, ulje i sol.

Poklopite i kuhajte oko 15 minuta, ili dok gomolji ne omekšaju.

Povećajte temperaturu pećnice na 450 stupnjeva F.

Maknite foliju i kuhajte 8 minuta, dok krumpir lagano ne porumeni.

Pečeni jam i šparoge

Sastojci

1/2 kg krumpira narezanog na komade

½ kilograma bijelog jama, narezanog na komade

½ kilograma batata

2 žlice uljane repice

12 režnjeva češnjaka, tanko narezanih

2 žličice talijanskog začina

2 žličice morske soli

1 vezica svježih šparoga, obrezana i narezana na komade od 1 inča

Zagrijte pećnicu na 425 stupnjeva F.

U limu za pečenje pomiješajte prvih 6 sastojaka i pola morske soli.

Prekriti folijom.

Pecite 20 minuta u pećnici.

Pomiješajte šparoge, ulje i sol.

Poklopite i kuhajte oko 15 minuta, ili dok gomolji ne omekšaju.

Povećajte temperaturu pećnice na 450 stupnjeva F.

Maknite foliju i kuhajte 8 minuta, dok krumpir lagano ne porumeni.

Pečeni korijen kasave, šparoge i pastrnjak

Sastojci

1 kilogram mrkve, narezane na komade

½ kg pastrnjaka narezanog na komade

½ kilograma korijena juke

2 žlice ekstra djevičanskog maslinovog ulja

12 režnjeva češnjaka, tanko narezanih

1 žlica. i 1 žličica. osušeni ružmarin

4 žličice osušene majčine dušice

2 žličice morske soli

1 vezica svježih šparoga, obrezana i narezana na komade od 1 inča

Zagrijte pećnicu na 425 stupnjeva F.

U limu za pečenje pomiješajte prvih 7 sastojaka i pola morske soli.

Prekriti folijom.

Pecite 20 minuta u pećnici.

Pomiješajte šparoge, maslinovo ulje i sol.

Poklopite i kuhajte oko 15 minuta, ili dok gomolji ne omekšaju.

Povećajte temperaturu pećnice na 450 stupnjeva F.

Maknite foliju i kuhajte 8 minuta, dok krumpir lagano ne porumeni.

Pečene brokule i šparoge

Sastojci

1/2 kg rutabage, narezane na komade

½ kilograma mrkve, narezane na komade

½ kilograma brokule

2 žlice ekstra djevičanskog maslinovog ulja

12 režnjeva češnjaka, tanko narezanih

1 žlica. i 1 žličica. osušeni ružmarin

4 žličice osušene majčine dušice

2 žličice morske soli

1 vezica svježih šparoga, obrezana i narezana na komade od 1 inča

Zagrijte pećnicu na 425 stupnjeva F.

U limu za pečenje pomiješajte prvih 7 sastojaka i pola morske soli.

Prekriti folijom.

Pecite 20 minuta u pećnici.

Pomiješajte šparoge, maslinovo ulje i sol.

Poklopite i kuhajte oko 15 minuta, ili dok gomolji ne omekšaju.

Povećajte temperaturu pećnice na 450 stupnjeva F.

Maknite foliju i kuhajte 8 minuta, dok krumpir lagano ne porumeni.

Pečena azijska brokula i mrkva

Sastojci

½ kilograma mrkve, narezane na komade

½ kilograma brokule, narezane na komade

½ kg cvjetače, narezane na komade

2 žlice sezamovog ulja

12 režnjeva češnjaka, tanko narezanih

1 žlica. i 1 žličica. nasjeckanog đumbira

4 žličice vlasca

2 žličice morske soli

1 vezica svježih šparoga, obrezana i narezana na komade od 1 inča

Zagrijte pećnicu na 425 stupnjeva F.

U limu za pečenje pomiješajte prvih 7 sastojaka i pola morske soli.

Prekriti folijom.

Pecite 20 minuta u pećnici.

Pomiješajte šparoge, maslinovo ulje i sol.

Poklopite i kuhajte oko 15 minuta, ili dok krumpir ne omekša.

Povećajte temperaturu pećnice na 450 stupnjeva F.

Maknite foliju i kuhajte 8 minuta, dok krumpir lagano ne porumeni.

Pečene prokulice i luk s balsamicom

Sastojci

1 paket (16 unci) svježe prokulice

2 sitno narezana manja crvena luka

¼ šalice i 1 žlica. ekstra djevičansko maslinovo ulje, podijeljeno

1/4 žličice morske soli

1/4 žličice duginog papra u zrnu

1 nasjeckana ljutika

1/4 šalice balzamičnog octa

1 žlica svježe nasjeckanog ružmarina

Zagrijte pećnicu na 425 stupnjeva F (220 stupnjeva C).

Podmazati tepsiju.

Pomiješajte prokulice i luk u zdjeli.

Dodajte 4 žlice maslinovog ulja, sol i papar.

Bacite na premaz i raširite smjesu klica u posudu.

Pecite u pećnici dok klice i luk ne omekšaju, oko 25 do 30 minuta.

Zagrijte preostalu žlicu maslinovog ulja u maloj tavi na srednje jakoj vatri.

Pirjajte ljutiku dok ne omekša, oko 5 minuta.

Dodajte balzamični ocat i kuhajte dok se glazura ne smanji, oko 5 minuta.

U glazuru od balzama dodati ružmarin i preliti preko klica.

Zapečeni crveni kupus i crveni luk

Sastojci

1 paket (16 unci) svježeg ljubičastog kupusa, narezanog na četvrtine

2 sitno narezana manja crvena luka

¼ šalice i 1 žlica. ekstra djevičansko maslinovo ulje, podijeljeno

1/4 žličice morske soli

1/4 žličice mljevenog crnog papra

1 nasjeckana ljutika

1/4 šalice crvenog vinskog octa

1 žlica svježe nasjeckanog ružmarina

Zagrijte pećnicu na 425 stupnjeva F (220 stupnjeva C).

Podmazati tepsiju.

Pomiješajte kupus i luk u zdjeli.

Dodajte 4 žlice maslinovog ulja, sol i papar.

Bacite na premaz i raširite smjesu klica u posudu.

Pecite u pećnici dok klice i luk ne omekšaju, oko 25 do 30 minuta.

Zagrijte preostalu žlicu maslinovog ulja u maloj tavi na srednje jakoj vatri.

Pirjajte ljutiku dok ne omekša, oko 5 minuta.

Dodajte ocat i kuhajte dok se glazura ne smanji, oko 5 minuta.

U glazuru od balzama dodati ružmarin i preliti preko klica.

Zapečeni mini kupus s duginim paprom u zrnu

Sastojci

1 paket (16 unci) svježeg mini kupusa

2 sitno narezana manja crvena luka

¼ šalice i 1 žlica. ekstra djevičansko maslinovo ulje, podijeljeno

1/4 žličice morske soli

1/4 žličice duginog papra u zrnu

1 nasjeckana ljutika

1/4 šalice balzamičnog octa

1 žličica provansalskog bilja

Zagrijte pećnicu na 425 stupnjeva F (220 stupnjeva C).

Podmazati tepsiju.

Pomiješajte kupus i luk u zdjeli.

Dodajte 4 žlice maslinovog ulja, sol i papar.

Bacite na premaz i raširite smjesu klica u posudu.

Pecite u pećnici dok klice i luk ne omekšaju, oko 25 do 30 minuta.

Zagrijte preostalu žlicu maslinovog ulja u maloj tavi na srednje jakoj vatri.

Pirjajte ljutiku dok ne omekša, oko 5 minuta.

Dodajte balzamični ocat i kuhajte dok se glazura ne smanji, oko 5 minuta.

U glazuru od balzama dodajte provansalsko bilje i prelijte preko klica.

Pečeni Napa kupus s glazurom od balzama

Sastojci

1 paket (16 unci) svježeg Napa kupusa

2 sitno narezana manja crvena luka

¼ šalice i 1 žlica. ekstra djevičansko maslinovo ulje, podijeljeno

1/4 žličice morske soli

1/4 žličice duginog papra u zrnu

1 nasjeckana ljutika

1/4 šalice balzamičnog octa

1 žličica talijanskih začina

Zagrijte pećnicu na 425 stupnjeva F (220 stupnjeva C).

Podmazati tepsiju.

Pomiješajte kupus i luk u zdjeli.

Dodajte 4 žlice maslinovog ulja, sol i papar.

Bacite na premaz i raširite smjesu klica u posudu.

Pecite u pećnici dok klice i luk ne omekšaju, oko 25 do 30 minuta.

Zagrijte preostalu žlicu maslinovog ulja u maloj tavi na srednje jakoj vatri.

Pirjajte ljutiku dok ne omekša, oko 5 minuta.

Dodajte balzamični ocat i kuhajte dok se glazura ne smanji, oko 5 minuta.

U glazuru od balzama dodajte talijanske začine i prelijte preko klica.

Pečeni kupus i crveni luk

Sastojci

1 paket (16 unci) svježeg kupusa

2 sitno narezana manja crvena luka

¼ šalice i 1 žlica. ekstra djevičansko maslinovo ulje, podijeljeno

1/4 žličice morske soli

1/4 žličice crnog papra u zrnu

1 nasjeckana ljutika

1/4 šalice bijelog vinskog octa

1 žlica svježe nasjeckanog ružmarina

Zagrijte pećnicu na 425 stupnjeva F (220 stupnjeva C).

Podmazati tepsiju.

Pomiješajte kupus i luk u zdjeli.

Dodajte 4 žlice maslinovog ulja, sol i papar.

Bacite na premaz i raširite smjesu klica u posudu.

Pecite u pećnici dok klice i luk ne omekšaju, oko 25 do 30 minuta.

Zagrijte preostalu žlicu maslinovog ulja u maloj tavi na srednje jakoj vatri.

Pirjajte ljutiku dok ne omekša, oko 5 minuta.

Dodajte bijeli vinski ocat i kuhajte dok se glazura ne smanji, oko 5 minuta.

U glazuru od balzama dodati ružmarin i preliti preko klica.

Pečeni crveni kupus s glazurom od balzama

Sastojci

1 paket (16 unci) svježeg crvenog kupusa

2 sitno narezana manja crvena luka

¼ šalice i 1 žlica. ekstra djevičansko maslinovo ulje, podijeljeno

1/4 žličice morske soli

1/4 žličice duginog papra u zrnu

1 nasjeckana ljutika

1/4 šalice balzamičnog octa

1 žlica svježe nasjeckanog timijana

Zagrijte pećnicu na 425 stupnjeva F (220 stupnjeva C).

Podmazati tepsiju.

Pomiješajte kupus i luk u zdjeli.

Dodajte 4 žlice maslinovog ulja, sol i papar.

Bacite na premaz i raširite smjesu klica u posudu.

Pecite u pećnici dok klice i luk ne omekšaju, oko 25 do 30 minuta.

Zagrijte preostalu žlicu maslinovog ulja u maloj tavi na srednje jakoj vatri.

Pirjajte ljutiku dok ne omekša, oko 5 minuta.

Dodajte balzamični ocat i kuhajte dok se glazura ne smanji, oko 5 minuta.

U balsamico glazuru dodajte majčinu dušicu i prelijte preko klica.

Francuska juha od pastrnjaka

2 žlice ekstra djevičanskog maslinovog ulja

1 manja glavica crvenog luka nasjeckana

1 veliki pastrnjak oguljen i tanko narezan

1 rebro celera narezano na tanke ploške

1/2 žličice sušenog estragona

2 šalice juhe od povrća

1/4 šalice vinskog octa

Zagrijte ulje na srednje jakoj vatri.

Pirjajte crveni luk dok ne omekša, oko 5 minuta.

Polako dodajte pastrnjak, celer i estragon

Kuhajte još 5 minuta ili dok mrkva ne omekša.

Dodajte juhu od povrća i ocat.

Zakuhajte i kuhajte.

Kuhajte još 15 minuta.

Juha od crvenog luka i pastrnjaka

2 žlice ekstra djevičanskog maslinovog ulja

3 velike glavice crvenog luka nasjeckane

1 manji pastrnjak oguljen i tanko narezan

1 rebro celera narezano na tanke ploške

1/2 žličice sušenog estragona

2 šalice juhe od povrća

1/4 šalice vinskog octa

Zagrijte ulje na srednje jakoj vatri.

Pirjajte crveni luk dok ne omekša, oko 5 minuta.

Polako dodajte pastrnjak, celer i estragon

Kuhajte još 5 minuta ili dok mrkva ne omekša.

Dodajte juhu od povrća i ocat.

Zakuhajte i kuhajte.

Kuhajte još 15 minuta.

pesto juha od mrkve

2 žlice ekstra djevičanskog maslinovog ulja

1 manja glavica crvenog luka nasjeckana

1 manja mrkva oguljena i tanko narezana

1 manji pastrnjak oguljen i tanko narezan

1/2 žličice suhih talijanskih biljaka

1 šalica juhe od povrća

1 šalica juhe od povrća

2 žlice. pesto

1/4 šalice vinskog octa

Zagrijte ulje na srednje jakoj vatri.

Pirjajte crveni luk dok ne omekša, oko 5 minuta.

Polako dodajte mrkvu, pastrnjak i talijansko bilje

Kuhajte još 5 minuta ili dok mrkva ne omekša.

Dodajte povrtnu juhu, temeljac, pesto i ocat.

Zakuhajte i kuhajte.

Kuhajte još 15 minuta.

Juha od rajčice i limunske trave

2 žlice maslinovog ulja

1 manja glavica crvenog luka nasjeckana

1 manja mrkva oguljena i tanko narezana

2 velike rajčice, tanko narezane

1/2 žličice nasjeckanog đumbira

2 grančice limunske trave

2 šalice juhe od povrća

2 žlice. ocat

Zagrijte ulje na srednje jakoj vatri.

Pirjajte crveni luk dok ne omekša, oko 5 minuta.

Polako dodajte mrkvu, nasjeckani đumbir, rajčice i limunsku travu.

Kuhajte još 5 minuta ili dok mrkva ne omekša.

Dodajte juhu od povrća i ocat.

Zakuhajte i kuhajte.

Kuhajte još 15 minuta.

Kineska juha od repe

2 žlice sezamovog ulja

1 manja glavica crvenog luka nasjeckana

1 veća repa oguljena i narezana na tanke ploške

2 žličice paste od čilija i češnjaka

1/2 žličice nasjeckanog đumbira

2 šalice juhe od povrća

2 žlice. suhi šeri

2 žlice. destilirani bijeli ocat

1 žličica sojinog umaka

Zagrijte ulje na srednje jakoj vatri.

Pirjajte crveni luk dok ne omekša, oko 5 minuta.

Polako dodajte repu, nasjeckani đumbir, sojin umak i pastu od čilija i češnjaka.

Kuhajte još 5 minuta ili dok mrkva ne omekša.

Dodajte temeljac od povrća, suhi šeri i ocat.

Zakuhajte i kuhajte.

Kuhajte još 15 minuta.

Juha od prženog krumpira i slanutka

Sastojci

2 šalice mladog krumpira

3 žlice ekstra djevičanskog maslinovog ulja, podijeljene

2 ¼ šalice cherry rajčica

2 šalice svježeg zelenog graha veličine 1 inča

6 režnjeva mljevenog češnjaka

2 žličice sušenog bosiljka

1 žličica košer soli u ljuspicama

1 konzerva (15 unci) slanutka, ocijeđena i isprana

2 žličice ekstra djevičanskog maslinovog ulja ili po ukusu (po želji)

Morska sol

crni papar po ukusu

Zagrijte pećnicu na 425 stupnjeva F (220 stupnjeva C).

Pleh za pečenje obložite aluminijskom folijom.

Pomiješajte krumpir s 1 žlicom maslinovog ulja u srednjoj zdjeli.

Izliti u tepsiju.

Pecite u pećnici dok ne omekša, oko 30 minuta.

Pomiješajte cherry rajčice, zelene mahune, češnjak, bosiljak i morsku sol s 2 žlice maslinova ulja.

Izvadite krumpir iz pećnice.

Gurnite ih na stranu posude.

Dodajte cherry rajčicu i mješavinu zelenog graha.

Pecite dok rajčice ne počnu venuti, oko 18 min.

Izvaditi iz pećnice i izliti na tanjur.

Dodajte slanutak, 2 žličice maslinovog ulja te začinite solju i paprom.

Juha od pečenog batata i graha

Sastojci

2 šalice slatkog krumpira

3 žlice ekstra djevičanskog maslinovog ulja, podijeljene

2 ¼ šalice cherry rajčica

2 šalice svježeg zelenog graha veličine 1 inča

8 režnjeva mljevenog češnjaka

2 žličice sušenog bosiljka

1 žličica morske soli

1 limenka (15 unci) graha, ocijeđenog i ispranog

2 žličice ekstra djevičanskog maslinovog ulja ili po ukusu (po želji)

Morska sol

Rainbow papar u zrnu po ukusu, sitno mljeveni

Zagrijte pećnicu na 425 stupnjeva F (220 stupnjeva C).

Pleh za pečenje obložite aluminijskom folijom.

Pomiješajte slatki krumpir s 1 žlicom maslinovog ulja u srednjoj zdjeli.

Izliti u tepsiju.

Pecite u pećnici dok ne omekša, oko 30 minuta.

Pomiješajte cherry rajčice, zelene mahune, češnjak, bosiljak i morsku sol s 2 žlice maslinova ulja.

Izvadite krumpir iz pećnice.

Gurnite ih na stranu posude.

Dodajte cherry rajčicu i mješavinu zelenog graha.

Pecite dok rajčice ne počnu venuti, oko 18 min.

Izvaditi iz pećnice i izliti na tanjur.

Dodajte grah, 2 žličice maslinovog ulja i začinite morskom soli i duginim paprom u zrnu.

Francuska juha od krumpira i slanutka

Sastojci

2 šalice mladog krumpira

3 žlice ekstra djevičanskog maslinovog ulja, podijeljene

2 ¼ šalice romskih rajčica

2 šalice svježeg zelenog graha veličine 1 inča

9 mljevenih režnjeva češnjaka

2 žličice provansalskog bilja

1 žličica morske soli

1 konzerva (15 unci) slanutka, ocijeđena i isprana

2 žličice ekstra djevičanskog maslinovog ulja ili po ukusu (po želji)

Morska sol

crni papar po ukusu

Zagrijte pećnicu na 425 stupnjeva F (220 stupnjeva C).

Pleh za pečenje obložite aluminijskom folijom.

Pomiješajte krumpir s 1 žlicom maslinovog ulja u srednjoj zdjeli.

Izliti u tepsiju.

Pecite u pećnici dok ne omekša, oko 30 minuta.

Pomiješajte cherry rajčice, mahune, češnjak, provansalsko bilje i morsku sol s 2 žlice maslinova ulja.

Izvadite krumpir iz pećnice.

Gurnite ih na stranu posude.

Dodajte cherry rajčicu i mješavinu zelenog graha.

Pecite dok rajčice ne počnu venuti, oko 18 min.

Izvaditi iz pećnice i izliti na tanjur.

Dodajte slanutak, 2 žličice maslinovog ulja te začinite solju i paprom.

Začinjena juha od rajčice i krumpira

Sastojci

2 šalice slatkog krumpira

3 žlice sezamovog ulja, podijeljene

2 ¼ šalice cherry rajčica

2 šalice svježeg zelenog graha veličine 1 inča

9 mljevenih režnjeva češnjaka

2 žličice kajenskog papra

1 žličica morske soli

1 konzerva (15 unci) crnog graha, ocijeđenog i ispranog

2 žličice sezamovog ulja ili po ukusu (po želji)

Morska sol

crni papar po ukusu

Zagrijte pećnicu na 425 stupnjeva F (220 stupnjeva C).

Pleh za pečenje obložite aluminijskom folijom.

Pomiješajte slatki krumpir s 1 žlicom sezamovog ulja u srednjoj posudi.

Izliti u tepsiju.

Pecite u pećnici dok ne omekša, oko 30 minuta.

Pomiješajte cherry rajčice, zelene mahune, češnjak, kajenski papar i morsku sol s 2 žlice sezamova ulja.

Izvadite krumpir iz pećnice.

Gurnite ih na stranu posude.

Dodajte cherry rajčicu i mješavinu zelenog graha.

Pecite dok rajčice ne počnu venuti, oko 18 min.

Izvaditi iz pećnice i izliti na tanjur.

Dodajte crni grah, 2 žličice sezamovog ulja i začinite solju i paprom.

Cvjetača i pržene rajčice

Sastojci

sprej za kuhanje

1 žlica ekstra djevičanskog maslinovog ulja

3 češnja mljevenog češnjaka

1/2 žličice morske soli

1/4 žličice mljevenog crnog papra

3 1/2 šalice narezane cvjetače

2 1/2 šalice cherry rajčica

1 konzerva (15 unci) slanutka, ocijeđenog

1 limeta, narezana na ploške

1 žlica svježe nasjeckanog korijandera

Zagrijte pećnicu na 450 stupnjeva F.

Lim za pečenje obložite aluminijskom folijom i premažite maslinovim uljem.

U zdjeli pomiješajte maslinovo ulje, češnjak, sol i papar.

Dodajte cvjetaču, rajčice i slanutak.

Miješajte dok se dobro ne prekrije.

Rasporedite ih u jednom sloju po tepsiji.

Dodajte kriške limuna.

Pecite u pećnici dok se povrće ne karamelizira, oko 25 minuta.

Uklonite kriške limuna i pospite cilantrom.

Cvjetača i češnjak dimljeni u pećnici

Sastojci

sprej za kuhanje

1 žlica ekstra djevičanskog maslinovog ulja

3 češnja mljevenog češnjaka

1/2 žličice morske soli

1/4 žličice mljevenog crnog papra

½ žličice kumina

½ čajne žličice sjemenki achiote

3 1/2 šalice narezane cvjetače

1 limeta, narezana na ploške

1 žlica svježe nasjeckanog korijandera

Zagrijte pećnicu na 450 stupnjeva F.

Lim za pečenje obložite aluminijskom folijom i premažite maslinovim uljem.

U zdjeli pomiješajte maslinovo ulje, češnjak, kumin, sjemenke achiote, sol i papar.

Dodajte cvjetaču, mrkvu i brokulu.

Miješajte dok se dobro ne prekrije.

Rasporedite ih u jednom sloju po tepsiji.

Dodajte kriške limuna.

Pecite u pećnici dok se povrće ne karamelizira, oko 25 minuta.

Uklonite kriške limuna i pospite cilantrom.

Brokula i pržena cvjetača

Sastojci

sprej za kuhanje

1 žlica sezamovog ulja

3 češnja mljevenog češnjaka

1/2 žličice morske soli

1/4 žličice mljevenog crnog papra

3 1/2 šalice narezane cvjetače

2 1/2 šalice narezane brokule

1 žlica svježe nasjeckanog korijandera

Zagrijte pećnicu na 450 stupnjeva F.

Lim za pečenje obložite aluminijskom folijom i premažite maslinovim uljem.

U zdjeli pomiješajte sezamovo ulje, češnjak, sol i papar.

Dodajte cvjetaču i brokulu.

Miješajte dok se dobro ne prekrije.

Rasporedite ih u jednom sloju po tepsiji.

Pecite u pećnici dok se povrće ne karamelizira, oko 25 minuta.

Vrh s cilantrom.

Prženi slanutak i brokula

Sastojci

sprej za kuhanje

1 žlica ekstra djevičanskog maslinovog ulja

3 češnja mljevenog češnjaka

1/2 žličice morske soli

1/4 žličice mljevenog crnog papra

3 1/2 šalice narezane cvjetače

2 1/2 šalice brokule s višnjama

1 konzerva (15 unci) slanutka, ocijeđenog

1 žličica kumina

1 čajna žličica osušenih sjemenki achiote

1 žlica svježe nasjeckanog korijandera

Zagrijte pećnicu na 450 stupnjeva F.

Lim za pečenje obložite aluminijskom folijom i premažite maslinovim uljem.

U zdjeli pomiješajte maslinovo ulje, češnjak, sol i papar.

Dodajte cvjetaču, brokulu i slanutak.

Miješajte dok se dobro ne prekrije.

Rasporedite ih u jednom sloju po tepsiji.

Začiniti kuminom. Sjemenke kima i još soli po potrebi.

Pecite u pećnici dok se povrće ne karamelizira, oko 25 minuta.

Uklonite kriške limuna i pospite cilantrom.

Pečene cherry rajčice i slanutak

Sastojci

sprej za kuhanje

1 žlica otopljenog veganskog maslaca/margarina

9 mljevenih režnjeva češnjaka

1/2 žličice morske soli

1/4 žličice mljevenog crnog papra

1 1/2 šalice narezane cvjetače

3 1/2 šalice cherry rajčica

1 konzerva (15 unci) slanutka, ocijeđenog

1 limun narezan na kriške

Zagrijte pećnicu na 450 stupnjeva F.

Pleh obložite folijom i premažite otopljenim veganskim maslacem ili margarinom.

U zdjeli pomiješajte maslinovo ulje, češnjak, sol i papar.

Dodajte cvjetaču, rajčice i slanutak.

Miješajte dok se dobro ne prekrije.

Rasporedite ih u jednom sloju po tepsiji.

Dodajte kriške limuna.

Pecite u pećnici dok se povrće ne karamelizira, oko 25 minuta.

Uklonite kriške limuna.

Slanutak s veganskim talijanskim maslacem

Sastojci

sprej za kuhanje

1 žlica otopljenog veganskog maslaca/margarina

8 režnjeva mljevenog češnjaka

1/2 žličice morske soli

1/4 žličice talijanskog začina

3 1/2 šalice narezane cvjetače

2 1/2 šalice cherry rajčica

1 konzerva (15 unci) slanutka, ocijeđenog

1 limeta, narezana na ploške

¼ šalice zelenih maslina

Zagrijte pećnicu na 450 stupnjeva F.

Lim za pečenje obložite aluminijskom folijom i premažite maslinovim uljem.

Pomiješajte maslinovo ulje, češnjak, sol i talijanske začine u zdjeli.

Dodajte cvjetaču, zelene masline, rajčice i slanutak.

Miješajte dok se dobro ne prekrije.

Rasporedite ih u jednom sloju po tepsiji.

Dodajte kriške limuna.

Pecite u pećnici dok se povrće ne karamelizira, oko 25 minuta.

Uklonite kriške limuna i pospite cilantrom.

Pečene prokulice

Sastojci

sprej za kuhanje

1 žlica ekstra djevičanskog maslinovog ulja

8 režnjeva mljevenog češnjaka

1/2 žličice morske soli

1/4 žličice duginog papra u zrnu

3 1/2 šalice narezane cvjetače

2 1/2 šalice narezanog kelja pupčara

1 limeta, narezana na ploške

1 žlica svježe nasjeckanog korijandera

Zagrijte pećnicu na 450 stupnjeva F.

Lim za pečenje obložite aluminijskom folijom i premažite maslinovim uljem.

U zdjeli pomiješajte maslinovo ulje, češnjak, sol i papar.

Dodajte cvjetaču i prokulicu.

Miješajte dok se dobro ne prekrije.

Rasporedite ih u jednom sloju po tepsiji.

Dodajte kriške limuna.

Pecite u pećnici dok se povrće ne karamelizira, oko 25 minuta.

Uklonite kriške limuna i pospite cilantrom.

Pržena cvjetača i gljive

Sastojci

sprej za kuhanje

1 žlica sezamovog ulja

3 češnja mljevenog češnjaka

1/2 žličice morske soli

1/4 žličice mljevenog crnog papra

3 1/2 šalice narezane cvjetače

2 1/2 šalice narezanih gljiva

1 žlica svježe nasjeckanog korijandera

Zagrijte pećnicu na 450 stupnjeva F.

Lim za pečenje obložite folijom i premažite sezamovim uljem.

U zdjeli pomiješajte maslinovo ulje, češnjak, sol i papar.

Dodajte cvjetaču i gljive.

Miješajte dok se dobro ne prekrije.

Rasporedite ih u jednom sloju po tepsiji.

Dodajte kriške limuna.

Pecite u pećnici dok se povrće ne karamelizira, oko 25 minuta.

Uklonite kriške limuna i pospite cilantrom.

Začinjeni crni grah i pečene rajčice

Sastojci

sprej za kuhanje

1 žlica sezamovog ulja

3 češnja mljevenog češnjaka

1/2 žličice morske soli

1 žlica. Tajlandska pasta od čilija

1/4 žličice mljevenog crnog papra

3 1/2 šalice narezane cvjetače

2 1/2 šalice cherry rajčica

1 konzerva (15 unci) crnog graha, ocijeđenog

1 limeta, narezana na ploške

1 žlica svježe nasjeckanog korijandera

Zagrijte pećnicu na 450 stupnjeva F.

Lim za pečenje obložite folijom i premažite sezamovim uljem.

U posudi pomiješajte maslinovo ulje, češnjak, sol, pastu od tajlandskog čilija i papar.

Dodajte cvjetaču, rajčice i crni grah.

Miješajte dok se dobro ne prekrije.

Rasporedite ih u jednom sloju po tepsiji.

Dodajte kriške limuna.

Pecite u pećnici dok se povrće ne karamelizira, oko 25 minuta.

Uklonite kriške limuna i pospite cilantrom.

Jednostavna pečena cvjetača

Sastojci

sprej za kuhanje

1 žlica ekstra djevičanskog maslinovog ulja

3 češnja mljevenog češnjaka

1/2 žličice morske soli

1/4 žličice mljevenog crnog papra

3 1/2 šalice narezane cvjetače

2 1/2 šalice cherry rajčica

1 žlica svježe nasjeckanog timijana

Zagrijte pećnicu na 450 stupnjeva F.

Lim za pečenje obložite aluminijskom folijom i premažite maslinovim uljem.

U zdjeli pomiješajte maslinovo ulje, češnjak, sol i papar.

Dodajte cvjetaču i rajčice.

Miješajte dok se dobro ne prekrije.

Rasporedite ih u jednom sloju po tepsiji.

Pecite u pećnici dok se povrće ne karamelizira, oko 25 minuta.

Prelijte majčinom dušicom.

Jednostavna pečena brokula i rajčice

Sastojci

sprej za kuhanje

1 žlica ekstra djevičanskog maslinovog ulja

3 češnja mljevenog češnjaka

1/2 žličice morske soli

1/4 žličice mljevenog crnog papra

3 1/2 šalice narezane brokule

2 1/2 šalice cherry rajčica

1 žlica svježe nasjeckanog timijana

Zagrijte pećnicu na 450 stupnjeva F.

Lim za pečenje obložite aluminijskom folijom i premažite maslinovim uljem.

U zdjeli pomiješajte maslinovo ulje, češnjak, sol i papar.

Dodajte cvjetaču i rajčice.

Miješajte dok se dobro ne prekrije.

Rasporedite ih u jednom sloju po tepsiji.

Pecite u pećnici dok se povrće ne karamelizira, oko 25 minuta.

Prelijte majčinom dušicom.

Jednostavne pečene jabuke i crveni kupus

bonus sastojci

sprej za kuhanje

1 žlica ekstra djevičanskog maslinovog ulja

1/2 žličice morske soli

1/4 žličice mljevenog crnog papra

Glavni sastojci

1 šalica kockica Fuji jabuka

1/2 srednjeg crvenog kupusa, tanko narezanog

Zagrijte pećnicu na 450 stupnjeva F.

Lim za pečenje obložite aluminijskom folijom i premažite maslinovim uljem.

Dodatne sastojke dobro izmiješajte.

Dodajte glavne sastojke

Miješajte dok se dobro ne prekrije.

Rasporedite ih u jednom sloju po tepsiji.

Pecite u pećnici dok se povrće ne karamelizira, oko 25 minuta.

špinat i pečene višnje

bonus sastojci

sprej za kuhanje

1 žlica ekstra djevičanskog maslinovog ulja

1/2 žličice morske soli

1/4 žličice mljevenog crnog papra

Glavni sastojci

1/4 šalice trešanja

1 vezica špinata oprati i ocijediti

Zagrijte pećnicu na 450 stupnjeva F.

Lim za pečenje obložite aluminijskom folijom i premažite maslinovim uljem.

Dodatne sastojke dobro izmiješajte.

Dodajte glavne sastojke

Miješajte dok se dobro ne prekrije.

Rasporedite ih u jednom sloju po tepsiji.

Pecite u pećnici dok se povrće ne karamelizira, oko 25 minuta.

Pečeni kelj i srca artičoke

bonus sastojci

sprej za kuhanje

1 žlica ekstra djevičanskog maslinovog ulja

1/2 žličice morske soli

1/4 žličice mljevenog crnog papra

Glavni sastojci

1 vezica kelja, oprati i ocijediti

1 šalica konzerviranih srca artičoka

Zagrijte pećnicu na 450 stupnjeva F.

Lim za pečenje obložite aluminijskom folijom i premažite maslinovim uljem.

Dodatne sastojke dobro izmiješajte.

Dodajte glavne sastojke

Miješajte dok se dobro ne prekrije.

Rasporedite ih u jednom sloju po tepsiji.

Pecite u pećnici dok se povrće ne karamelizira, oko 25 minuta.

Pečeni Napa kupus i mrkva

bonus sastojci

sprej za kuhanje

1 žlica ekstra djevičanskog maslinovog ulja

1/2 žličice morske soli

1/4 žličice mljevenog crnog papra

Glavni sastojci

1/2 srednjeg Napa kupusa, tanko narezanog

5 mladih mrkvi

Zagrijte pećnicu na 450 stupnjeva F.

Lim za pečenje obložite aluminijskom folijom i premažite maslinovim uljem.

Dodatne sastojke dobro izmiješajte.

Dodajte glavne sastojke

Miješajte dok se dobro ne prekrije.

Rasporedite ih u jednom sloju po tepsiji.

Pecite u pećnici dok se povrće ne karamelizira, oko 25 minuta.

Pečena mrkva i potočarka

bonus sastojci

sprej za kuhanje

1 žlica ekstra djevičanskog maslinovog ulja

1/2 žličice morske soli

1/4 žličice mljevenog crnog papra

Glavni sastojci

5 mladih mrkvi

1 vezica potočarke, oprati i ocijediti

Zagrijte pećnicu na 450 stupnjeva F.

Lim za pečenje obložite aluminijskom folijom i premažite maslinovim uljem.

Dodatne sastojke dobro izmiješajte.

Dodajte glavne sastojke

Miješajte dok se dobro ne prekrije.

Rasporedite ih u jednom sloju po tepsiji.

Pecite u pećnici dok se povrće ne karamelizira, oko 25 minuta.

Srce od artičoke s jednostavnim pečenim kupusom i crvenim kupusom

bonus sastojci

sprej za kuhanje

1 žlica ekstra djevičanskog maslinovog ulja

1/2 žličice morske soli

1/4 žličice mljevenog crnog papra

Glavni sastojci

1 vezica kelja, oprati i ocijediti

1 šalica konzerviranih srca artičoka

1/2 srednjeg crvenog kupusa, tanko narezanog

Zagrijte pećnicu na 450 stupnjeva F.

Lim za pečenje obložite aluminijskom folijom i premažite maslinovim uljem.

Dodatne sastojke dobro izmiješajte.

Dodajte glavne sastojke

Miješajte dok se dobro ne prekrije.

Rasporedite ih u jednom sloju po tepsiji.

Pecite u pećnici dok se povrće ne karamelizira, oko 25 minuta.

Pečeni Napa kupus, mrkva i špinat

bonus sastojci

sprej za kuhanje

1 žlica ekstra djevičanskog maslinovog ulja

1/2 žličice morske soli

1/4 žličice mljevenog crnog papra

Glavni sastojci

1/2 srednjeg Napa kupusa, tanko narezanog

5 mladih mrkvi

1 vezica špinata oprati i ocijediti

Zagrijte pećnicu na 450 stupnjeva F.

Lim za pečenje obložite aluminijskom folijom i premažite maslinovim uljem.

Dodatne sastojke dobro izmiješajte.

Dodajte glavne sastojke

Miješajte dok se dobro ne prekrije.

Rasporedite ih u jednom sloju po tepsiji.

Pecite u pećnici dok se povrće ne karamelizira, oko 25 minuta.

Pečeni špinat i mrkva potočarka

bonus sastojci

sprej za kuhanje

1 žlica ekstra djevičanskog maslinovog ulja

1/2 žličice morske soli

1/4 žličice mljevenog crnog papra

Glavni sastojci

5 mladih mrkvi

1 vezica špinata oprati i ocijediti

1 vezica potočarke, oprati i ocijediti

Zagrijte pećnicu na 450 stupnjeva F.

Lim za pečenje obložite aluminijskom folijom i premažite maslinovim uljem.

Dodatne sastojke dobro izmiješajte.

Dodajte glavne sastojke

Miješajte dok se dobro ne prekrije.

Rasporedite ih u jednom sloju po tepsiji.

Pecite u pećnici dok se povrće ne karamelizira, oko 25 minuta.

Pečena srca artičoke i crveni kupus

bonus sastojci

sprej za kuhanje

1 žlica ekstra djevičanskog maslinovog ulja

1/2 žličice morske soli

1/4 žličice mljevenog crnog papra

Glavni sastojci

1/2 srednjeg crvenog kupusa, tanko narezanog

1 šalica konzerviranih srca artičoka

Zagrijte pećnicu na 450 stupnjeva F.

Lim za pečenje obložite aluminijskom folijom i premažite maslinovim uljem.

Dodatne sastojke dobro izmiješajte.

Dodajte glavne sastojke

Miješajte dok se dobro ne prekrije.

Rasporedite ih u jednom sloju po tepsiji.

Pecite u pećnici dok se povrće ne karamelizira, oko 25 minuta.

Pečeni kelj i crveni kupus

bonus sastojci

sprej za kuhanje

1 žlica ekstra djevičanskog maslinovog ulja

1/2 žličice morske soli

1/4 žličice mljevenog crnog papra

Glavni sastojci

1 vezica kelja, oprati i ocijediti

1/2 srednjeg crvenog kupusa, tanko narezanog

Zagrijte pećnicu na 450 stupnjeva F.

Lim za pečenje obložite aluminijskom folijom i premažite maslinovim uljem.

Dodatne sastojke dobro izmiješajte.

Dodajte glavne sastojke

Miješajte dok se dobro ne prekrije.

Rasporedite ih u jednom sloju po tepsiji.

Pecite u pećnici dok se povrće ne karamelizira, oko 25 minuta.

Pečeni Napa kupus i kelj

bonus sastojci

sprej za kuhanje

1 žlica ekstra djevičanskog maslinovog ulja

1/2 žličice morske soli

1/4 žličice mljevenog crnog papra

Glavni sastojci

1/2 srednjeg Napa kupusa, tanko narezanog

1 vezica kelja, oprati i ocijediti

Zagrijte pećnicu na 450 stupnjeva F.

Lim za pečenje obložite aluminijskom folijom i premažite maslinovim uljem.

Dodatne sastojke dobro izmiješajte.

Dodajte glavne sastojke

Miješajte dok se dobro ne prekrije.

Rasporedite ih u jednom sloju po tepsiji.

Pecite u pećnici dok se povrće ne karamelizira, oko 25 minuta.

Pečeni grah i bundeva

Sastojci

2 konzerve (15 unci) graha s maslacem, ispranog i ocijeđenog

1/2 bundeve, oguljene, sjemenke i izrezane na komade od 1 inča

1 glavica crvenog luka, narezana na kockice

1 slatki krumpir, oguljen i narezan na kockice od 1 inča

2 velike mrkve, narezane na komade od 1 inča

3 srednja krumpira, izrezana na komade od 1 inča

3 žlice sezamovog ulja

Sastojci za začine

1 žličica soli

1/2 žličice mljevenog crnog papra

1 žličica luka u prahu

2 žličice češnjaka u prahu

1 žličica mljevenih sjemenki komorača

1 žličica suhe i protrljane kadulje

Sastojci za ukras

2 zelena luka, nasjeckana (po želji)

Zagrijte pećnicu na 350 stupnjeva F.

Namastiti tepsiju.

Pomiješajte slanutak, tikvice, luk, batat, mrkvu i crveni krumpir u pripremljenu tavu.

Prelijte uljem i pomiješajte.

Pomiješajte sastojke za začin u zdjeli.

Pospite preko povrća u tavi i pomiješajte da se obloži začinima.

Pecite u pećnici 25 minuta.

Često miješajte dok povrće ne omekša i lagano se zapeče, a slanutak postane hrskav, još oko 20 do 25 minuta.

Začinite s još soli i crnog papra po ukusu, pospite mladim lukom prije posluživanja.

Pečeni crni grah i bundeva

Sastojci

2 konzerve (15 unci) crnog graha, ispranog i ocijeđenog

1/2 bundeve, oguljene, sjemenke i izrezane na komade od 1 inča

1 glavica crvenog luka, narezana na kockice

1 slatki krumpir, oguljen i narezan na kockice od 1 inča

2 velike mrkve, narezane na komade od 1 inča

3 srednja krumpira, izrezana na komade od 1 inča

3 žlice ekstra djevičanskog ulja

Sastojci za začine

1 žličica soli

1/2 žličice mljevenog crnog papra

1 žličica luka u prahu

2 žličice češnjaka u prahu

1 žličica kumina

1 žličica čilija u prahu

Sastojci za ukras

2 zelena luka, nasjeckana (po želji)

Zagrijte pećnicu na 350 stupnjeva F.

Namastiti tepsiju.

Pomiješajte crni grah, tikvice, luk, slatki krumpir, mrkvu i crveni krumpir na pripremljenom limu za pečenje.

Prelijte uljem i pomiješajte.

Pomiješajte sastojke za začin u zdjeli.

Pospite preko povrća u tavi i pomiješajte da se obloži začinima.

Pecite u pećnici 25 minuta.

Često miješajte dok povrće ne omekša i lagano se zapeče, a slanutak postane hrskav, još oko 20 do 25 minuta.

Začinite s još soli i crnog papra po ukusu, pospite mladim lukom prije posluživanja.

Zapečeni grah i krumpir

Sastojci

2 konzerve (15 unci) graha, isprane i ocijeđene

1/2 bundeve, oguljene, sjemenke i izrezane na komade od 1 inča

1 glavica crvenog luka, narezana na kockice

1 slatki krumpir, oguljen i narezan na kockice od 1 inča

2 velike mrkve, narezane na komade od 1 inča

3 srednja krumpira, izrezana na komade od 1 inča

4 žlice ekstra djevičanskog ulja

Sastojci za začine

1 žličica soli

1/2 žličice mljevenog crnog papra

1 žličica luka u prahu

1 žličica sušenog bosiljka

1 žličica talijanskih začina

Sastojci za ukras

2 zelena luka, nasjeckana (po želji)

Zagrijte pećnicu na 350 stupnjeva F.

Namastiti tepsiju.

Pomiješajte mahune, tikvice, luk, batat, mrkvu i crveni krumpir u pripremljenu tavu.

Prelijte uljem i pomiješajte.

Pomiješajte sastojke za začin u zdjeli.

Pospite preko povrća u tavi i pomiješajte da se obloži začinima.

Pecite u pećnici 25 minuta.

Često miješajte dok povrće ne omekša i lagano se zapeče, a slanutak postane hrskav, još oko 20 do 25 minuta.

Začinite s još soli i crnog papra po ukusu, pospite mladim lukom prije posluživanja.

Pečeni krumpir i pastrnjak

Glavni sastojci

2 konzerve (15 unci) velikog sjevernog graha, ispranog i ocijeđenog

1/2 bundeve, oguljene, sjemenke i izrezane na komade od 1 inča

1 žuti luk, narezan na kockice

1 krumpir, oguljen i narezan na kockice od 1 inča

2 velika pastrnjaka, izrezana na komade od 1 inča

3 srednja krumpira, izrezana na komade od 1 inča

3 žlice ekstra djevičanskog maslinovog ulja

Sastojci za začine

1 žličica morske soli

1/2 žličice mljevenog duginog papra u zrnu

1 žličica luka u prahu

2 žličice češnjaka u prahu

1 žličica mljevenih sjemenki komorača

1 žličica suhe i protrljane kadulje

Sastojci za ukras

2 zelena luka, nasjeckana (po želji)

Zagrijte pećnicu na 350 stupnjeva F.

Namastiti tepsiju.

Pomiješajte glavne sastojke na pripremljenom limu za pečenje.

Prelijte uljem i pomiješajte.

Pomiješajte sastojke za začin u zdjeli.

Pospite preko povrća u tavi i pomiješajte da se obloži začinima.

Pecite u pećnici 25 minuta.

Često miješajte dok povrće ne omekša i lagano se zapeče, a slanutak postane hrskav, još oko 20 do 25 minuta.

Začinite s još soli i crnog papra po ukusu, pospite mladim lukom prije posluživanja.

Pečeni istočnjački grah i bundeva

Sastojci

2 konzerve (15 unci) gljiva, narezanih i ocijeđenih

1/2 bundeve, oguljene, sjemenke i izrezane na komade od 1 inča

1 glavica crvenog luka, narezana na kockice

1 krumpir, oguljen i narezan na kockice od 1 inča

2 velike mrkve, narezane na komade od 1 inča

3 srednja krumpira, izrezana na komade od 1 inča

3 žlice sezamovog ulja

Sastojci za začine

1 žličica soli

1/2 žličice mljevenog crnog papra

1 žličica luka u prahu

2 žličice češnjaka u prahu

1 žličica sečuanskog papra u zrnu

1 čajna žličica kineskog praha od pet začina

Sastojci za ukras

2 zelena luka, nasjeckana (po želji)

Zagrijte pećnicu na 350 stupnjeva F.

Namastiti tepsiju.

Pomiješajte glavne sastojke na pripremljenom limu za pečenje.

Prelijte uljem i pomiješajte.

Pomiješajte sastojke za začin u zdjeli.

Pospite preko povrća u tavi i pomiješajte da se obloži začinima.

Pecite u pećnici 25 minuta.

Često miješajte dok povrće ne omekša i lagano se zapeče, a slanutak postane hrskav, još oko 20 do 25 minuta.

Začinite s još soli i crnog papra po ukusu, pospite mladim lukom prije posluživanja.

Dimljeni prženi grah i krumpir

Sastojci

2 konzerve (15 unci) graha, isprane i ocijeđene

1/2 bundeve, oguljene, sjemenke i izrezane na komade od 1 inča

1 glavica crvenog luka, narezana na kockice

1 slatki krumpir, oguljen i narezan na kockice od 1 inča

2 velike mrkve, narezane na komade od 1 inča

3 srednja krumpira, izrezana na komade od 1 inča

3 žlice sezamovog ulja

Sastojci za začine

1 žličica soli

1/2 žličice mljevenog crnog papra

1 žličica luka u prahu

2 žličice češnjaka u prahu

1 čajna žličica mljevenih sjemenki achiote

1 žličica kumina

½ žličice kajenskog papra

Sastojci za ukras

2 nasjeckana korijandera (po želji)

Zagrijte pećnicu na 350 stupnjeva F.

Namastiti tepsiju.

Pomiješajte glavne sastojke na pripremljenom limu za pečenje.

Prelijte uljem i pomiješajte.

Pomiješajte sastojke za začin u zdjeli.

Pospite preko povrća u tavi i pomiješajte da se obloži začinima.

Pecite u pećnici 25 minuta.

Često miješajte dok povrće ne omekša i lagano se zapeče, a slanutak postane hrskav, još oko 20 do 25 minuta.

Začinite s još soli i crnog papra po ukusu, pospite cilantrom prije posluživanja.

Gljive i prženi krumpir

Sastojci

2 konzerve (15 unci) gljiva, isprati i ocijediti

1/2 bundeve, oguljene, sjemenke i izrezane na komade od 1 inča

1 glavica crvenog luka, narezana na kockice

1 slatki krumpir, oguljen i narezan na kockice od 1 inča

2 velike mrkve, narezane na komade od 1 inča

3 srednja krumpira, izrezana na komade od 1 inča

3 žlice margarina ulje/veganski maslac

Sastojci za začine

1 žličica soli

1/2 žličice mljevenog crnog papra

1 žličica luka u prahu

2 žličice češnjaka u prahu

1 žličica provansalskog bilja

Sastojci za ukras

2 grančice timijana, nasjeckane (po želji)

Zagrijte pećnicu na 350 stupnjeva F.

Namastiti tepsiju.

Pomiješajte glavne sastojke na pripremljenom limu za pečenje.

Prelijte otopljenim veganskim maslacem ili margarinom i promiješajte.

Pomiješajte sastojke za začin u zdjeli.

Pospite preko povrća u tavi i pomiješajte da se obloži začinima.

Pecite u pećnici 25 minuta.

Često miješajte dok povrće ne omekša i lagano se zapeče, a slanutak postane hrskav, još oko 20 do 25 minuta.

Začinite s još soli i crnog papra po ukusu, pospite majčinom dušicom prije posluživanja.

Pečeni krumpir i slatki krumpir

Sastojci

¼ šalice kapara

½ šalice maslina

1/2 bundeve, oguljene, sjemenke i izrezane na komade od 1 inča

1 glavica crvenog luka, narezana na kockice

1 slatki krumpir, oguljen i narezan na kockice od 1 inča

2 velike mrkve, narezane na komade od 1 inča

3 srednja krumpira, izrezana na komade od 1 inča

3 žlice sezamovog ulja

Sastojci za začine

1/2 žličice morske soli

1/2 žličice mljevenog crnog papra

1 žličica luka u prahu

2 žličice češnjaka u prahu

1 žličica mljevenih sjemenki komorača

1 žličica suhe i protrljane kadulje

Sastojci za ukras

2 zelena luka, nasjeckana (po želji)

Zagrijte pećnicu na 350 stupnjeva F.

Namastiti tepsiju.

Pomiješajte glavne sastojke na pripremljenom limu za pečenje.

Prelijte uljem i pomiješajte.

Pomiješajte sastojke za začin u zdjeli.

Pospite preko povrća u tavi i pomiješajte da se obloži začinima.

Pecite u pećnici 25 minuta.

Često miješajte dok povrće ne omekša i lagano se zapeče, a slanutak postane hrskav, još oko 20 do 25 minuta.

Začinite s još soli i crnog papra po ukusu, pospite mladim lukom prije posluživanja.

Pečeni grah i bundeva

Sastojci

3 srednje rajčice, izrezane na komade od 1 inča

1/2 bundeve, oguljene, sjemenke i izrezane na komade od 1 inča

1 glavica crvenog luka, narezana na kockice

1 repa, oguljena i narezana na kockice od 1 inča

2 velike mrkve, narezane na komade od 1 inča

3 srednja krumpira, izrezana na komade od 1 inča

3 žlice ekstra djevičanskog maslinovog ulja

Sastojci za začine

1 žličica soli

1/2 žličice mljevenog crnog papra

1 žličica luka u prahu

2 žličice češnjaka u prahu

1 žličica osušene majčine dušice

Sastojci za ukras

2 grančice svježeg timijana, nasjeckanog (po želji)

Zagrijte pećnicu na 350 stupnjeva F.

Namastiti tepsiju.

Pomiješajte glavne sastojke na pripremljenom limu za pečenje.

Prelijte uljem i pomiješajte.

Pomiješajte sastojke za začin u zdjeli.

Pospite preko povrća u tavi i pomiješajte da se obloži začinima.

Pecite u pećnici 25 minuta.

Često miješajte dok povrće ne omekša i lagano se zapeče, a slanutak postane hrskav, još oko 20 do 25 minuta.

Začinite s još soli i crnog papra po ukusu, pospite majčinom dušicom prije posluživanja.

Pečene rajčice i klice graha

Sastojci

3 velike rajčice, izrezane na komade od 1 inča

1/2 bundeve, oguljene, sjemenke i izrezane na komade od 1 inča

1 glavica crvenog luka, narezana na kockice

1 šalica klica graha

3 velike mrkve, narezane na komade od 1 inča

3 žlice sezamovog ulja

Sastojci za začine

1 žličica soli

1/2 žličice mljevenog crnog papra

1 žličica luka u prahu

2 žličice češnjaka u prahu

1 žličica paste od tajlandskog čilija

1 žličica svježeg tajlandskog bosiljka, nasjeckanog

Sastojci za ukras

2 zelena luka, nasjeckana (po želji)

Zagrijte pećnicu na 350 stupnjeva F.

Namastiti tepsiju.

Pomiješajte glavne sastojke na pripremljenom limu za pečenje.

Prelijte uljem i pomiješajte.

Pomiješajte sastojke za začin u zdjeli.

Pospite preko povrća u tavi i pomiješajte da se obloži začinima.

Pecite u pećnici 25 minuta.

Često miješajte dok povrće ne omekša i lagano se zapeče, a slanutak postane hrskav, još oko 20 do 25 minuta.

Začinite s još soli i crnog papra po ukusu, pospite mladim lukom prije posluživanja.

Pečena mrkva repa pastrnjak

Glavni sastojci

3 velike rajčice, izrezane na komade od 1 inča

3 glavice crvenog luka, narezane na kockice

1 slatka repa, oguljena i izrezana na kockice od 1 inča

2 velike mrkve, narezane na komade od 1 inča

3 srednja pastrnjaka, izrezana na komade od 1 inča

3 žlice ekstra djevičanskog maslinovog ulja

Sastojci za začine

1 žličica soli

1/2 žličice mljevenog crnog papra

1 žličica luka u prahu

2 žličice češnjaka u prahu

1 žličica španjolske paprike

1 žličica kumina

Sastojci za ukras

2 grančice nasjeckanog peršina (po želji)

Zagrijte pećnicu na 350 stupnjeva F.

Namastiti tepsiju.

Pomiješajte glavne sastojke na pripremljenom limu za pečenje.

Prelijte uljem i pomiješajte.

Pomiješajte sastojke za začin u zdjeli.

Pospite preko povrća u tavi i pomiješajte da se obloži začinima.

Pecite u pećnici 25 minuta.

Često miješajte dok povrće ne omekša, otprilike 20 do 25 minuta.

Začinite s još soli i crnog papra po ukusu, pospite peršinom prije posluživanja.

Pečene aromatične rajčice

Sastojci

3 velike rajčice, izrezane na komade od 1 inča

1/2 bundeve, oguljene, sjemenke i izrezane na komade od 1 inča

2 glavice crvenog luka, narezane na kockice

1 slatki krumpir, oguljen i narezan na kockice od 1 inča

12 cherry rajčica, prerezanih na pola

3 srednja krumpira, izrezana na komade od 1 inča

3 žlice ekstra djevičanskog maslinovog ulja

Sastojci za začine

1 žličica soli

1/2 žličice mljevenog crnog papra

1 žličica luka u prahu

2 žličice češnjaka u prahu

2 žlice limunske trave, sitno nasjeckane

Sastojci za ukras

2 grančice nasjeckanog peršina (po želji)

Zagrijte pećnicu na 350 stupnjeva F.

Namastiti tepsiju.

Pomiješajte glavne sastojke na pripremljenom limu za pečenje.

Prelijte uljem i pomiješajte.

Pomiješajte sastojke za začin u zdjeli.

Pospite preko povrća u tavi i pomiješajte da se obloži začinima.

Pecite u pećnici 25 minuta.

Često miješajte dok povrće ne omekša i lagano se zapeče, a slanutak postane hrskav, još oko 20 do 25 minuta.

Začinite s još soli i crnog papra po ukusu, pospite peršinom prije posluživanja.

Pečene klice orijentalnog graha i brokule

Sastojci

1 velika brokula, narezana na ploške

1 šalica klica graha

1/2 bundeve, oguljene, sjemenke i izrezane na komade od 1 inča

2 glavice crvenog luka, narezane na kockice

2 velike mrkve, narezane na komade od 1 inča

4 srednja krumpira, izrezana na komade od 1 inča

3 žlice sezamovog ulja

Sastojci za začine

1 žličica morske soli

1/2 žličice mljevenog crnog papra

1 žličica luka u prahu

2 žličice češnjaka u prahu

1 žličica sečuanskog papra u zrnu

Sastojci za ukras

2 zelena luka, nasjeckana (po želji)

Zagrijte pećnicu na 350 stupnjeva F.

Namastiti tepsiju.

Pomiješajte glavne sastojke na pripremljenom limu za pečenje.

Prelijte uljem i pomiješajte.

Pomiješajte sastojke za začin u zdjeli.

Pospite preko povrća u tavi i pomiješajte da se obloži začinima.

Pecite u pećnici 25 minuta.

Često miješajte dok povrće ne omekša i lagano se zapeče, a slanutak postane hrskav, još oko 20 do 25 minuta.

Začinite s još soli i crnog papra po ukusu, pospite mladim lukom prije posluživanja.

Brokula i prženi luk

Sastojci

1 velika brokula, narezana na ploške

1 šalica klica graha

1 veliki crveni luk, narezan na kockice

1 slatki krumpir, oguljen i narezan na kockice od 1 inča

2 velike mrkve, narezane na komade od 1 inča

3 srednja krumpira, izrezana na komade od 1 inča

3 žlice uljane repice

Sastojci za začine

1 žličica soli

1/2 žličice mljevenog crnog papra

1 žličica kajenskog papra

2 žličice češnjaka u prahu

Sastojci za ukras

2 zelena luka, nasjeckana (po želji)

Zagrijte pećnicu na 350 stupnjeva F.

Namastiti tepsiju.

Pomiješajte glavne sastojke na pripremljenom limu za pečenje.

Prelijte uljem i pomiješajte.

Pomiješajte sastojke za začin u zdjeli.

Pospite preko povrća u tavi i pomiješajte da se obloži začinima.

Pecite u pećnici 25 minuta.

Često miješajte dok povrće ne omekša i lagano se zapeče, a slanutak postane hrskav, još oko 20 do 25 minuta.

Začinite s još soli i crnog papra po ukusu, pospite mladim lukom prije posluživanja.

Prokulice i pečene klice graha

Sastojci

1 velika brokula, narezana na ploške

1 šalica klica graha

1 glavica crvenog luka, narezana na kockice

8 komada prokulice

2 velike mrkve, narezane na komade od 1 inča

3 srednja krumpira, izrezana na komade od 1 inča

3 žlice ekstra djevičanskog maslinovog ulja

Sastojci za začine

1 žličica soli

1/2 žličice mljevenog crnog papra

1 žličica luka u prahu

2 žličice češnjaka u prahu

1 žličica mljevenih sjemenki komorača

1 žličica suhe i protrljane kadulje

Sastojci za ukras

2 zelena luka, nasjeckana (po želji)

Zagrijte pećnicu na 350 stupnjeva F.

Namastiti tepsiju.

Pomiješajte glavne sastojke na pripremljenom limu za pečenje.

Prelijte uljem i pomiješajte.

Pomiješajte sastojke za začin u zdjeli.

Pospite preko povrća u tavi i pomiješajte da se obloži začinima.

Pecite u pećnici 25 minuta.

Često miješajte dok povrće ne omekša i lagano se zapeče, a slanutak postane hrskav, još oko 20 do 25 minuta.

Začinite s još soli i crnog papra po ukusu, pospite mladim lukom prije posluživanja.

Zapečeni grah s maslacem i brokulom

Sastojci

2 konzerve (15 unci) graha s maslacem, ispranog i ocijeđenog

1/2 bundeve, oguljene, sjemenke i izrezane na komade od 1 inča

1 glavica crvenog luka, narezana na kockice

1 velika brokula, narezana na ploške

2 velike mrkve, narezane na komade od 1 inča

3 srednja krumpira, izrezana na komade od 1 inča

3 žlice uljane repice

Sastojci za začine

1 žličica soli

1/2 žličice mljevenog crnog papra

1 žličica luka u prahu

2 žličice češnjaka u prahu

1 žličica provansalskog bilja

Sastojci za ukras

2 zelena luka, nasjeckana (po želji)

Zagrijte pećnicu na 350 stupnjeva F.

Namastiti tepsiju.

Pomiješajte glavne sastojke na pripremljenom limu za pečenje.

Prelijte uljem i pomiješajte.

Pomiješajte sastojke za začin u zdjeli.

Pospite preko povrća u tavi i pomiješajte da se obloži začinima.

Pecite u pećnici 25 minuta.

Često miješajte dok povrće ne omekša i lagano se zapeče, a slanutak postane hrskav, još oko 20 do 25 minuta.

Začinite s još soli i crnog papra po ukusu, pospite mladim lukom prije posluživanja.

Pečeni krumpir s limunom i češnjakom

Sastojci

1 velika brokula, narezana na ploške

1 šalica klica graha

1 glavica crvenog luka, narezana na kockice

1 slatki krumpir, oguljen i narezan na kockice od 1 inča

2 velike mrkve, narezane na komade od 1 inča

3 srednja krumpira, izrezana na komade od 1 inča

3 žlice veganskog maslaca/margarina, otopljenog

Sastojci za začine

1 žličica limunove soli

1/2 žličice mljevenog crnog papra

1 žličica luka u prahu

2 žličice češnjaka u prahu

Sastojci za ukras

2 zelena luka, nasjeckana (po želji)

Zagrijte pećnicu na 350 stupnjeva F.

Namastiti tepsiju.

Pomiješajte glavne sastojke na pripremljenom limu za pečenje.

Prelijte uljem i pomiješajte.

Pomiješajte sastojke za začin u zdjeli.

Pospite preko povrća u tavi i pomiješajte da se obloži začinima.

Pecite u pećnici 25 minuta.

Često miješajte dok povrće ne omekša i lagano se zapeče, a slanutak postane hrskav, još oko 20 do 25 minuta.

Začinite s još soli i crnog papra po ukusu, pospite mladim lukom prije posluživanja.

Brokula pečena na maslacu

Sastojci

1 velika brokula, narezana na ploške

1 šalica klica graha

1 glavica crvenog luka, narezana na kockice

1 slatki krumpir, oguljen i narezan na kockice od 1 inča

2 velika pastrnjaka, izrezana na komade od 1 inča

3 srednja krumpira, izrezana na komade od 1 inča

3 žlice veganskog maslaca/margarina, otopljenog

Sastojci za začine

1 žličica soli

1/2 žličice duginog papra u zrnu

1 žličica luka u prahu

2 žličice češnjaka u prahu

1 čajna žličica sjemenki achiote

1 žličica kumina

Sastojci za ukras

2 zelena luka, nasjeckana (po želji)

Zagrijte pećnicu na 350 stupnjeva F.

Namastiti tepsiju.

Pomiješajte glavne sastojke na pripremljenom limu za pečenje.

Prelijte uljem i pomiješajte.

Pomiješajte sastojke za začin u zdjeli.

Pospite preko povrća u tavi i pomiješajte da se obloži začinima.

Pecite u pećnici 25 minuta.

Često miješajte dok povrće ne omekša i lagano se zapeče, a slanutak postane hrskav, još oko 20 do 25 minuta.

Začinite s još soli i crnog papra po ukusu, pospite mladim lukom prije posluživanja.

Brokula i pečene klice graha

Sastojci

1 velika brokula, narezana na ploške

1 šalica klica graha

1 žuti luk, narezan na kockice

1 slatki krumpir, oguljen i narezan na kockice od 1 inča

2 velike mrkve, narezane na komade od 1 inča

3 srednja krumpira, izrezana na komade od 1 inča

3 žlice uljane repice

Sastojci za začine

1 žličica soli

1/2 žličice mljevenog crnog papra

1 žličica luka u prahu

2 žličice češnjaka u prahu

Sastojci za ukras

2 zelena luka, nasjeckana (po želji)

Zagrijte pećnicu na 350 stupnjeva F.

Namastiti tepsiju.

Pomiješajte glavne sastojke na pripremljenom limu za pečenje.

Prelijte uljem i pomiješajte.

Pomiješajte sastojke za začin u zdjeli.

Pospite preko povrća u tavi i pomiješajte da se obloži začinima.

Pecite u pećnici 25 minuta.

Često miješajte dok povrće ne omekša i lagano se zapeče, a slanutak postane hrskav, još oko 20 do 25 minuta.

Začinite s još soli i crnog papra po ukusu, pospite mladim lukom prije posluživanja.

Jednostavan i lagan pastrnjak i pečeni krumpir

Sastojci

1 velika brokula, narezana na ploške

1 šalica klica graha

1 glavica crvenog luka, narezana na kockice

1 slatki krumpir, oguljen i narezan na kockice od 1 inča

2 velika pastrnjaka, izrezana na komade od 1 inča

3 srednja krumpira, izrezana na komade od 1 inča

3 žlice ulja oraha makadamije

Sastojci za začine

1 žličica soli

1/2 žličice mljevenog crnog papra

1 žličica luka u prahu

2 žličice češnjaka u prahu

Sastojci za ukras

2 zelena luka, nasjeckana (po želji)

Zagrijte pećnicu na 350 stupnjeva F.

Namastiti tepsiju.

Pomiješajte glavne sastojke na pripremljenom limu za pečenje.

Prelijte uljem i pomiješajte.

Pomiješajte sastojke za začin u zdjeli.

Pospite preko povrća u tavi i pomiješajte da se obloži začinima.

Pecite u pećnici 25 minuta.

Često miješajte dok povrće ne omekša i lagano se zapeče, a slanutak postane hrskav, još oko 20 do 25 minuta.

Začinite s još soli i crnog papra po ukusu, pospite mladim lukom prije posluživanja.

Cikla i pečeni krumpir

Sastojci

1 ½ šalice nasjeckanog prokulica

1 šalica velikih komadića krumpira

1 šalica velikih komada dugine mrkve

1 ½ šalice cvjetova cvjetače

1 šalica cikle narezane na kockice

1/2 šalice komadića crvenog luka

2 žlice ekstra djevičanskog maslinovog ulja

sol i mljeveni crni papar po ukusu

Zagrijte pećnicu na 425 stupnjeva F (220 stupnjeva C).

Stavite rešetku na drugu najnižu policu u pećnici.

Ulijte malo vode s malo soli u posudu.

Prokulice namočite u slanoj vodi 15 minuta i ocijedite.

Ostatak sastojaka stavite zajedno u zdjelu.

Rasporedite povrće u jednom sloju na lim za pečenje.

Pecite u pećnici dok povrće ne počne smeđiti i kuhati se, oko 45 minuta.

Pečena mrkva i slatki krumpir

Sastojci

3/4 šalice prokulice, nasjeckane

1,5 šalica velikih komada slatkog krumpira

1,5 šalica velikih komada duginih mrkvi

1 ½ šalice cvjetića brokule

1 šalica cikle narezane na kockice

1/2 šalice komadića crvenog luka

2 žlice ekstra djevičanskog maslinovog ulja

Morska sol

mljeveni crni papar po ukusu

Zagrijte pećnicu na 425 stupnjeva F (220 stupnjeva C).

Stavite rešetku na drugu najnižu policu u pećnici.

Ulijte malo vode s malo soli u posudu.

Prokulice namočite u slanoj vodi 15 minuta i ocijedite.

Ostatak sastojaka stavite zajedno u zdjelu.

Rasporedite povrće u jednom sloju na lim za pečenje.

Pecite u pećnici dok povrće ne počne smeđiti i kuhati se, oko 45 minuta.

Pečeni kelj i slatki krumpir

SASTOJCI

1 ½ kg slatkog krumpira, oguljenog i narezanog na komade od 1 inča

½ luka, tanko narezanog

¼ šalice vode

½ kocke bujona od povrća nasjeckane

1 žlica. ekstra djevičansko maslinovo ulje

½ žličice kumina

½ žličice jalapeño papra, nasjeckanog

½ žličice paprike

½ žličice čilija u prahu

Crni papar

½ kilograma svježeg kelja nasjeckanog

Stavite sve sastojke u sporo kuhalo osim posljednjeg.

Na vrh stavite šaku kelja i napunite sporo kuhalo.

Ako ne možete sve smjestiti odjednom, pustite da se prvo kuha prva količina pa dodajte još malo kelja.

Kuhajte 3-4 sata na srednjoj vatri dok krumpir ne omekša.

Ostružite sa strane i poslužite.

Pečena potočarka i mrkva na sečuanski način

SASTOJCI

1 ½ kg mrkve, oguljene i narezane na komade od 1 inča

½ crvenog luka, sitno narezanog

¼ šalice vode

½ kocke bujona od povrća nasjeckane

1 žlica. sezamovo ulje

½ žličice kineskog praha od 5 začina

½ žličice sečuanskog papra u zrnu

½ žličice čilija u prahu

Crni papar

½ kg svježe nasjeckane potočarke

Stavite sve sastojke u sporo kuhalo osim posljednjeg.

Prekrijte šakom potočarke i napunite sporo kuhalo.

Ako ne možete sve smjestiti odjednom, pustite da se prvo kuha prva količina i dodajte još malo potočarke.

Kuhajte 3-4 sata na srednjoj vatri dok mrkva ne omekša.

Ostružite sa strane i poslužite.

Pečen i začinjen luk i repa

SASTOJCI

1 ½ kg repe, oguljene i narezane na komade od 1 inča

½ luka, tanko narezanog

¼ šalice vode

½ kocke bujona od povrća nasjeckane

1 žlica. ekstra djevičansko maslinovo ulje

½ žličice kumina

½ čajne žličice sjemenki achiote

½ žličice kajenskog papra

½ žličice limunovog soka

Crni papar

½ kilograma svježeg špinata nasjeckanog

Stavite sve sastojke u sporo kuhalo osim posljednjeg.

Prekrijte šakom špinata i napunite sporo kuhalo.

Ako ne možete sve smjestiti odjednom, pustite da se prvo kuha prva količina i dodajte malo špinata.

Kuhajte 3-4 sata na srednjoj vatri dok gomolji ne omekšaju.

Ostružite sa strane i poslužite.

curry mrkva

SASTOJCI

1 ½ kg mrkve, oguljene i narezane na komade od 1 inča

½ luka, tanko narezanog

¼ šalice vode

½ kocke bujona od povrća nasjeckane

1 žlica. ekstra djevičansko maslinovo ulje

½ žličice kumina

½ žličice mljevenog korijandera

½ žličice garam masale

½ žličice čilija u prahu

Crni papar

½ kilograma svježeg kelja nasjeckanog

Stavite sve sastojke u sporo kuhalo osim posljednjeg.

Na vrh stavite šaku kelja i napunite sporo kuhalo.

Ako ne možete sve smjestiti odjednom, pustite da se prvo kuha prva količina pa dodajte još malo kelja.

Kuhajte 3-4 sata na srednjoj vatri dok gomolji ne omekšaju.

Ostružite sa strane i poslužite.

Začinjeni prženi špinat i luk

SASTOJCI

1 ½ kg mrkve, oguljene i narezane na komade od 1 inča

½ luka, tanko narezanog

¼ šalice vode

½ kocke bujona od povrća nasjeckane

1 žlica. ekstra djevičansko maslinovo ulje

½ žličice kumina

½ čajne žličice sjemenki achiote

½ žličice kajenskog papra

½ žličice limunovog soka

Crni papar

½ kilograma svježeg špinata nasjeckanog

Stavite sve sastojke u sporo kuhalo osim posljednjeg.

Prekrijte šakom špinata i napunite sporo kuhalo.

Ako ne možete sve smjestiti odjednom, pustite da se prvo kuha prva količina i dodajte malo špinata.

Kuhajte 3-4 sata na srednjoj vatri dok gomolji ne omekšaju.

Ostružite sa strane i poslužite.

Pečeni slatki krumpir i špinat

SASTOJCI

1 ½ kg slatkog krumpira, oguljenog i narezanog na komade od 1 inča

½ luka, tanko narezanog

¼ šalice vode

½ kocke bujona od povrća nasjeckane

2 žlice. veganski maslac ili margarin

½ žličice provansalskog bilja

½ žličice majčine dušice

½ žličice čilija u prahu

Crni papar

½ kilograma svježeg špinata nasjeckanog

Stavite sve sastojke u sporo kuhalo osim posljednjeg.

Prekrijte šakom špinata i napunite sporo kuhalo.

Ako ne možete sve smjestiti odjednom, pustite da se prvo kuha prva količina i dodajte malo špinata.

Kuhajte 3-4 sata na srednjoj vatri dok krumpir ne omekša.

Ostružite sa strane i poslužite.

www.ingramcontent.com/pod-product-compliance
Lightning Source LLC
Chambersburg PA
CBHW071849110526
44591CB00011B/1350